運を引き寄せる実験

全捨離したら人生すべてが好転する話

スピリチュアル研究家
開運ユーチューバー
櫻庭露樹
Tsuyuki Sakuraba

フォレスト出版

［宇宙の法則］

準備なき者には、いっさいの介入はしない。

――大王

はじめに

この本を手に取っていただき、ありがとうございます。

何やら尋常じゃない興味は持ちつつも、

「全捨離《ぜんしゃり》っていったい何だろう？」

という第一印象だったのではないでしょうか。


この『全捨離®』（以下、全捨離）という言葉は、私がこれまでに運がよくなる方法を人体実験として、この身をもって実践してきた中で生まれた、常識はずれでかなりぶっ飛んだ方法です。

簡単に言うと、全捨離とは「あなたの家にある余計なモノを全部捨てなさい」ということです。もちろん全部捨てたら生活ができませんから、「あなたの家にあるモノの8割」を捨てる覚悟でモノを徹底的に手離す（以下、この本では「手放す」ではなく「手離す」で統一します）ことを強く提唱しています。

『8割』というのは、残りの2割は生活にどうしても必要なモノであり、それ以外をすべて手離してみようということなのです。

「本当に8割のモノを手離したら、運がよくなるの？　冗談でしょ」と思うかもしれません。でも、私自身がそれを実践して人生が激変するほど運気がアップしましたし、この方法をお伝えして実践した人たちからも奇跡のような出来事が舞い込んできたという報告があとを絶ちません。

数えれば枚挙にいとまがありませんが、モノを捨てただけで「金運がアップした」「臨時収入があった」「新しい人との素晴らしい出会いがあった」「彼氏・彼女ができた」「営業でトップになった」「会社が過去最高の業績を上げた」「新しい仕事が生まれた」「本当の自分に出会えた」という報告が続出しているのです。

私は運の研究家として、運がよくなる方法を試して16年目を迎えました。自分が共感できる数々の方法を片っ端から実践し、実体験を重ねてきました。こうした研究を続けていき、順調だった事業展開の中で、あるとき突然、いっぺんに3つの仕事がなくなる事態に陥ったことがありました。

そんなとき、私が師匠と慕う人から「あなたの家の中にはモノがありすぎて汚い。運気を上げたかったら、いますぐ8割捨てなさい」と言われたのです。

切羽詰《せっぱ》まっていた私は、もう何も考えず師匠の言うとおりに、家にあるほとんどのモノを手離しました。すると、モノを捨てている最中にもかかわらず、大きな仕事が3つとも戻ってきたのです。

そんな経験から、私は研究成果として『全捨離』という方法の汎用性《はんよう》とすごみを実感し、友人・知人やご縁ある方にも、その素晴らしさを伝えたいと発信し始めました。

こうして、師匠に教えていただいた実践法を、私の経験談も交えて確立していきました。すると、それを実践した人たちにも、私同様、いや私以上にすごいことが起こっていったのです。

やがて私は確信しました。この全捨離は、場所や人、社会的身分や生まれや育ち、年齢や職業、性別などをいっさい問わない、無条件に「やればこうなる」宇宙一シンプルな実践学だと。そしてこの実践方法で目指すところは、本来のあなた自身がやりたかったことをして、出会いたかった人に会い、見たかった景色を目《ま》の当たりにする、すべてが叶《かな》っていくという世界観です。

聖書に、こんなひと言があります。

神はこのように言われた。

「あなたが望むものを、あなたが欲しいと思う前から私は知っている」

つまり開運のステージが進んでくると、あなたの無意識、超意識に眠っていた本当に望む世界に導かれていくということです。

あなた自身の本来の人生の目的、想定外の世界をぜひ体験していただきたいと願っています。そこには、あなたじゃなきゃできないこと、あなただからできること、あなただからこそ頼まれることが待っています。それを人は「使命に出会う」というのでしょう。

人生に悩み、かつての私のように生きがいを見いだせず切羽詰まっているあなたに、この全捨離法をお伝えすることで少しでも「強運体質」を体感してもらいたく、この本を出させていただく運びとなりました。

とはいえ、いきなり、「家の中のモノを8割捨てなさい」では、あまりにも乱暴だということで、この本では全捨離の具体的な実践法をまとめております。もちろん、前提になるのは私の提唱する全捨離の世界観です。

全捨離の大前提は、「手離さなければ、新しいものは入ってこない」ということです。いったん頭を空っぽにしないと、新しいアイデアも生まれないし、仕事もうまくいかないものです。

新しい彼氏が欲しいのに、いつまでも元彼のモノに囲まれていては恋もできません。写真や思い出のモノを手離し、連絡先を消して、いままで費やしてきた時間やお金やエネルギーにスペースをつくってから、新しい趣味でも始めることが先決です。

人生を変えたかったらまずは手離すこと。

健康体なら、運呼《うんこ》はまず、出すのが先でしょう（笑）。

これはすべてについて言えることなのですが、運のいい人やお金持ちの人というのは、この事実を知っていて、私がそういう人の家に訪ねてもモノがほとんどありませんでした。実にシンプル。必要なモノだけで生活しています。

彼らの生活や思考を見ていてもそうなのですから、全捨離が運をよくする方法の1

つであることは間違いないでしょう。

さて、私は自身のユーチューブチャンネルでさまざまな運を上げる方法について解説しています。いまでは登録者数も10万人を超え、開運ユーチューバーとして、話すことを生業《なりわい》としています。

毎回、好き勝手にしゃべっていますが、みなさん楽しく観ていただいているようで、こうした目に見えない世界に関心が高まっているのを感じています。

その中で全捨離についても話をしてきましたが、内容を全捨離というテーマでまとめたのがこの本です。

第1章では、私が人体実験をした結果から、全捨離を始めるといったい自分がどうなるのか、そもそもなぜモノを捨てられないのかということから、全捨離をして会社の売り上げが激増するような奇跡のような実例まで紹介していきます。

この章を読めば、全捨離のすごさがわかっていただけると思います。

第2章では、そうした全捨離の秘密について迫っていきます。全捨離するとなぜ運がよくなるのか、本当の自分に出会えるとはどういうことなのかがわかっていきます。

第3章からは、実際に全捨離の実践法をお伝えしていきます。何から手をつければいいのか、どうすれば運の波に乗れるのかを解説していきます。

第4章では、実際に家の中を全捨離するにあたり、玄関、リビング、寝室、キッチン、押し入れから家具の全捨離まで、捨て方から各部屋をきれいにしていく具体的な方法をお伝えします。これでもかというくらい細かいところまで方法が書かれていますので、全捨離する際に十分使えると思います。

第5章は、【ギリギリ対談】ということで、私のユーチューブでいつも相方として活躍している邪兄（ジャニー）と、全捨離について言いたい放題（？）語らせていただきました。本音で語っておりますので、役に立つと思ったところをヒントにしてもらえればと思います。

ということで、さっそく本編が始まりますが、1つだけ先に言っておきたいことがあります。それは、

いますぐゴミ袋を１００袋買いなさい。

ということです。この本を読み終わったら、おそらくいてもたってもいられなくなります。

すぐに全捨離したくなります。

そのときのために、ゴミ袋１００袋を用意してお読みください。

「ゴミ袋を１００袋も!?」

そう思ったあなた。ご安心ください。

全捨離を始めたら、100袋なんてすぐに使い切りますから。

感動映画ではハンカチを用意していただくように、この本ではゴミ袋100袋を用意してください。

「準備なき者には、いっさいの介入はしない」という宇宙の法則があります。そのルールにしたがって、最初の準備はゴミ袋。

この本は読むためではなく、実践するのが目的です。その実践こそがあなたの運をよくしてくれます。

ということで、全捨離の実践の始まりです！

スピリチュアル研究家・開運ユーチューバー

櫻庭　露樹

※『全捨離』は櫻庭露樹が商標登録をしております。
商用等に使用する場合、著者の許諾が必要となります。
［登録商標第6019471号］

もくじ

第4章 「全捨離実践法」――玄関・リビング・寝室・押し入れ・洗面所ほか

〈もくじ〉

第5章 【ギリギリ対談】全捨離、言わせてもらいます！ ―― 159

第1章

全捨離したら いったいどうなるの？

✠運の研究をしながら、私が全捨離に出会う少し前

私はいまでこそ「開運ユーチューバー」と名乗り、運気を上げるありとあらゆる方法を人体実験として実践してきましたが、かれこれ16年前の35歳の私は、人生のどん底にいました。

もういわゆる人生の暗黒期。「自分の人生はなんてツイていないんだ」と、なかば世の中を呪《のろ》って生きていたのです。

仕事は自分の店舗を数軒に広げるなど、はたから見ればうまくいっていましたが、心の底から楽しいと感じたことは1つもありませんでした。「人生、こんなもんだろうな」と、もうあきらめの人生だったのです。

でも、いっぽうで「運がよくならないだろうか」「そのうちツキが回ってきて人生ハッピーになるんじゃないか」という思いで、結局は運が下がったままの人生を送っていました。なんとか人生を変えようと思いながら、悶々《もんもん》とした日々を過ごしていたのです。

この話は、前作『世の中の運がよくなる方法を試してみた』（フォレスト出版）でも書きましたが、1人で海外にいたときにヤクザのような風貌《ふうぼう》の師匠に出会い、本気で「人生を変えたい」「運をよくしたい」という思いに駆られました。

そして、日本に帰るとすぐに斎藤一人さんのCDを聴きまくり、その流れで小林正観さんと出会いました。正観さんとの出会いは、その後の私の人生を180度変えることになりました。

なかば強引に正観さんの追っかけとなり、正観さんに言われたことを、とにかく愚直に何も考えずに本気で実践し続けました。その結果がいまにいたるわけですから、人生とは不思議なものです。

そこでその後、私が全捨離に出会うまでのいきさつを簡単に紹介します。

とにかく、小林正観さんは実践の大切さを教えてくれました。実は「こうすれば運がよくなります」とはひと言も言ったことがないと思います。

そんな正観さんが最初に私に言ったことは「言葉は大切です」ということ。

私は仕事の話や運の話などを質問したのですが、その答えをくれることはありませんでした。

「あなたの口から出る否定的な言葉がネガティブな現象を呼んでいます」と言うのです。

ただ、これには衝撃を受けました。「自分の口から出る言葉と身に降りかかる現象に何の関係があるんだ」と思ったのですが、いろいろとアドバイスを受けているうちに気がついたのです。

正観さんに言われたのは「言葉」ともう1つ、「感謝」ということ。否定的な言葉をやめて肯定的な言葉を口にする。そして「ありがとう」という言葉をもっと口に発していくということでした。

自分の運を悪くしているのは、自分の口から出る言葉で、しかも「ありがとう」と言い続ければ奇跡が起きると言われ、私は俄然スイッチが入ったのです。

そこで、「ありがとう」という言葉を何も考えずに年齢×1万回言うというところから実践してみたのですが……。その顚末《てんまつ》は前作をお読みください（汗）。

さて、私はさまざまな実践をしていく中で、自分の人生の使命を知りたいと思うようになりました。正観さんには、「それには頼まれごとをこなしていくしかない」と言われました。

そこで肯定的な言葉とありがとうという感謝の言葉を口にし、笑顔で過ごすように努めると、人前でしゃべってほしいという頼まれごとがやってきました。それを続けるうちに、私は「自分は何のために生きているのか」「何を成し遂げるために生まれてきたのか」ということを突き詰めていくようになったのです。

たしかに、あのとき以来、私の人生が変わっただけでなく人格も180度変わりました。結果、運もよくなり、人様にどうすれば運がよくなるかということまで発信できるようになったのです。

そのおかげで、とにかく多くの人から成功体験を報告していただくようになり、同時にアドバイスを受ける機会も多くなりました。さらに運がよくなる方法をすべて人体実験して研究するようになり、磨きをかけていったのです。

しかし、6年前、思いもしないことが私の身に降りかかってきたのです……。

師匠に言われた衝撃的なひと言

運がよくなる実践を続け、頼まれごとで全国で講演していた、いまから6年前の年頭、私の身に新たなる出来事が降りかかってきました（このときはまだ、ユーチューブチャンネルは開設していません）。

なんと正月早々大きな仕事がいっぺんに3つとも頓挫《とんざ》してしまう事態が起こったのです。

「今年の俺もツイてるな」などと調子に乗っていた矢先、すべての仕事が消えてしまったんです。「えっ、これってまずいじゃん。全然ツイてないじゃん。これはヤバい」と思ったのですが、「これは何かの〝お試し〟ではないか」と考えました。

そんな折、私の師匠の1人と食事をすることになりました。師匠に近況を報告していると、私が仕事の話をする前に師匠がひと言、こう言ったのです。

「仕事は全部ダメになったでしょう」

「えっ、なんでわかるんですか？」

私は皆目見当がつきません。すると師匠は、

「それを言う前に、まず私が言ったことをやりますか？」

と言うのです。

私は内心、少し焦っていましたから、即答で「はい、もう絶対にやります」と答えました。

すると、師匠はさらにひと言、私に言いました。


「家が汚い」


私の反応は「えっ？　えっ？……」です。

というのも、このときは外で食事をしていて、師匠は私の家を見たことなどなかったからです。それなのに家が汚いと言われるとはどういうわけなのか。私はその先をうかがいました。

「とにかくモノが多すぎる。本当に人生を変えたいのなら全部捨てなさい」

「いや……全部捨てたら生活できないじゃないですか⁉」
「とにかく8割捨てなさい。8割捨てれば家の中の5分の4がなくなる。8割なくなったら、もう全部捨てたのと同じだ」

8割捨てれば人生が変わる……。

たしかに私は、運がよくなる方法の1つに「片づけ」や「掃除」は必要だとは思っていました。こんまりさんの『人生がときめく片づけの魔法』（近藤麻理恵著、サンマーク出版）もカレン・キングストンの『ガラクタ捨てれば自分が見える』（小学館）も読んでいて、片づけや掃除を実践していたのです。

でも、モノを手離そうというメッセージは受け取っていたものの、具体的なことは書かれていなかったので、片づけをしているつもりで、何となくやっていただけでした。

ふつうゴミ袋2、3袋にモノを捨てるだけで、人は「もう十分、片づけたな」という気持ちになるものです。

しかし、師匠の言うことはモノを手離すというレベルじゃありません。「全部捨てろ」です。つまり、いらないモノを手離すのではなく、とにかく使っていないモノを、つべこべ言わずに捨てろということなのです。

全部捨てる＝人生が変わる……。

しかも、師匠はこうもつけ加えました。

「即効性がある」と……。

こう言われてしまうと、いてもたってもいられません。人体実験好きの私は、振り幅180度の状態で師匠との食事もそこそこ、まずは帰り道にあったマツモトキヨシに飛び込んだのです。

切羽詰まった私は捨てるスイッチが全開

マツモトキヨシに飛び込んだ理由。それはもう、家の中のモノをすべて捨てるわけですから、ゴミ袋を買いに、いや買いあさりに行きました。

ゴミ袋を100袋買うつもりで、その店にあったゴミ袋、燃えるゴミの袋やプラスチックのゴミ袋など、何も見ずにほとんど買い占めました。

ゴミ袋だけをレジに積み上げると、店員はちょっと驚いた様子でしたが、こちらはそんなことにかまっていられる状況ではありません。完全に全部捨てるモード、スイッチが入った状態です。

家に着くと、そのままゴミ袋を取り出し、玄関のモノを片っ端から捨てにかかりました。もう何も考えずひたすらモノをゴミ袋に詰める作業で、靴から下駄箱の上に置

いてあるモノから、何から何まですべて捨てていきました。こうして私の人体実験が始まったのです。

師匠に「家が汚い」と言われたのは図星《ずぼし》でした。ゴミ屋敷とまではいかないのですが、私の家にはモノがあふれるほどありました。というのも、アマゾン、楽天、ヤフオクなどが大好きで、欲しいと思ったものを手当たりしだい買っていたのです。とにかく毎日、何かしら通販サイトで買ったモノが届くのです。「あれっ、こんなの買っていたっけ？」というモノまでありましたから、家の中がモノであふれているのは当然です。

しかし正月早々、仕事をいっぺんに失ったわけですから、師匠に言われたとおり片っ端から捨てていくしかありません。

まずは、玄関に入った瞬間にゴミ袋を取り出し、玄関にあるものをすべてゴミ袋に詰め込んでいきました。

私の場合、師匠の話を聞いてすでに頭の中は振り切れていましたから、使うモノ使わないモノなど考えず、**左手にゴミ袋、右手はもうブルドーザーのように、「モノを**

かき集めては捨て、かき集めては捨て」という作業です。

ちなみに、「右手はブルドーザー、何も考えるな」とは、師匠の名言です。

とにかく人生を変えたいわけですから、私はすべてを捨てて自分をリニューアルしたい一心。まさに一心不乱で**「リボーン」**を求めました。

正観さんに出会っておよそ10年経って、いろいろと開運法を自分で実験して、それでもなお、この新しい方法に、「リボーンできるなんて、これはもう全力で振り切らないとダメだ」と、中途半端に捨てることをやめ、右手はブルドーザーに徹したのです。

徹夜で全捨離。終わった果てに見えた景色

さて、玄関が終わると動線にそってどんどんゴミ袋に捨てていきました。通販サイトで買ったものも、箱から開けていないモノもすべて考えずにゴミ袋へ。その日は寝ずに作業を続けました。

私が朝までずっとモノを捨て続け、振り切った状態が続いたのには理由がありました。なんと、モノを捨て始めて3時間ほど経ったその日の夕方に、1つの会社から「やっぱり櫻庭さんのところでお願いします」というメールがきたのです。

これには驚きました。師匠が言っていた**「モノを捨てると即効性がある」**という言葉どおりのことが起こったからです。

いま思うと、すべてを捨て終えてからではなく、その途中で奇跡のようなことが起こったのは、私が全力で振り切って、本気で始めたからです。

これは私が開運法を教えている生徒さんにも言っていることですが、本気で始めたら途中で成果が現れるということです。この現象を「前倒しの法則」と名付けました。

もう本気でやるので、その時点でやり遂げている姿が見えているからです。

私の場合も、本気のスイッチが入った時点で、すでに作業は終わっている、イコール奇跡が訪れたということにほかなりません。だから、途中で仕事が1つ戻ってきたということだったのです。

即効性とは、本気で実践し始めた人に現れる奇跡でもあります。

さて、スイッチが入りっぱなしだった私は、2日間モノを捨てまくりました。そして、最後の仕上げです。実は師匠から最後に言われていた重要なことがあったからです。それは、

「運をよくしたければ、とにかく床面積を広げること。床面積を広げたら床を磨いてきれいにしなさい」

ということでした。そこで家具類を処分することにしました。

ベッド、ソファー、洋服ダンス、本棚、机、食器棚……この6つを業者を呼んでゴ

ミと一緒に持って行ってもらいました。さすがに冷蔵庫は生活できなくなりますから残しました。あとはテレビも残しました。当時はテレビが好きだったので、使っているモノとして捨てませんでした。

それでも、まあこれだけの家具類を捨てたわけですから、とにかく床面積は相当広くなりました。

一心不乱にモノを捨て始めて2日間、すっかり何もなくなってしまった家の中を見わたすと……そこには別世界の景色が広がっていたのでした。

8割のモノがなくなったあとに始めた習慣

モノを全部捨てると人生が180度変わる……。

こう師匠に言われた私は、2日間で家の中をほとんど空っぽにしてしまいましたが、大きな家具類も捨ててしまったこともあって、そこはもう引っ越してくる前のような状態でした。

ただ1つだけ違っていたのは、それまで家具を置いていたところの壁の色で、それだけが唯一モノがあった痕跡《こんせき》です。

モノがなくなり、家具もなくなった家で、私は実は次なる作業に取りかかりました。

「床磨き」です。

これは、すべてのモノがなくなったあと、どうするかも師匠が教えてくれたからでした。

「大事なのは、いかに床面積を広げるか。そして、床を徹底的にきれいにしなさい。なぜなら床イコール自分自身、床を磨くことは己を磨くこと」

この言葉にしたがって、翌日からは朝5時に起きて床磨きを2時間、これを毎日、休むことなく3カ月間続けました（たいてい3カ月続けると、それが習慣になります）。

すると、断られた仕事の1つが返ってきたのです。モノを捨て始めたら1つ、床を磨いていたら1つ、私が正月に失った大事な仕事の3つのうちの2つが戻ってきたのです。

そして「この方法はヤバいぞ」と思い、私は開運の情報を発信している人たちに、この方法を伝えることにしたのです。

もう全部捨てるんだから、断××ではなく**「全捨離」**だと。

この人体実験をとおして情報発信をしたときに、この「全捨離」という言葉が生まれました。

全捨離誕生の瞬間です。

情報を発信しだすと、また新しい開運法が誕生したということで、全捨離を始める人が現れました。すると、「玄関を全捨離しただけで、臨時収入があった」「モノがなくなったおかげで、それ以上のものが入ってくるようになった」「運気が上がって、人生が好転し出した」など、うれしい声が届くようになりました。

とはいえ、家の中のモノを8割捨てろだとか、とにかく床面積を広げろだとか、かなりの覚悟が必要だったために、「そんな簡単にモノが捨てられない。もったいない」「家具まで捨ててしまう勇気がない」「〇〇は捨てないでもいいでしょうか」「思い出のモノまで捨てられない」などという声もいただきました。

そこで、モノを捨てる勇気を持ってもらうために、さらには全捨離をすれば、人生すべてが変わるということをお伝えしたくて、この本を書くことにしたのです。

そう、人生を変えたいと本気で思ったら、どこかで自分を振り切らないといつまでも何も変わらないのです。

でも、どうしてモノが捨てられないのか、どうしてモノを買ってしまうのか（増えてしまうのか）。まずはそのことについて触れていきましょう。

✠なぜモノを買ったら、捨てられない？

私の情報発信で「人生が変わった」という人が出るいっぽう、「モノが捨てられない」「ついモノを買ってしまう」という悩み相談も増えました。私は運をよくしたいなら全力で振り切ってやらないとダメだと考えている人間ですから悩む前に実践してしまうのですが、トイレ掃除などとは違って、実践するには難易度が高いと感じる人も多いようでした。

とにかく、人間はモノに執着する動物だからです。

私は幼少の頃から、それほどモノに執着する性格ではなかったのですが、それもそのはず、あまりにも貧乏すぎて欲しいものなど何ひとつ買えませんでしたから、執着すらできなかったということもあります。

小学生の頃は、ちょうど「ゲーム＆ウオッチ」というのが流行《はや》っていて（多くの方が知らないと思います。知りたい方はググってみてください）、たくさんの友達が持っていました。1台5800円だったと思います。私もやらせてもらったりしましたが、ゲーム＆ウオッチ1台で1つのゲームしか入っていませんから、すぐに飽きるんです。いまで言えばヒマゲーの類《たぐ》いです。

とはいえ、そんなモノにすら執着できないほど貧乏でしたから、とにかく絶対に大人になったら金持ちになってやると決めていました（だからゲーム&ウオッチが5800円だったのは覚えています）。

大人になって、ある程度お金もできて、さらに運もよくなってきて……そんな生活でも、私はアマゾンやら楽天やらヤフオクやらの通販でモノを買っていました。

おそらく、日常生活の中で何か満たされない部分を満たそうとして買っていたのでしょうね。全捨離する前の家は、そんなモノたちであふれていたんです。

モノを買う人、そのために浪費グセが治らない人というのは、やはり人生で満たされない部分、欲望を買い物で埋めようとするわけです。

ストレス発散のために買い物をするなどはその典型と言えるでしょう。ストレスを抱えている人というのは、その反動で心を埋めようとするので、買い物をするときは欲望に支配されてしまっています。

また、貧乏な人はモノへの執着があるために、生まれた欲望からモノを買ってしまうんです。そして、もったいないとモノを捨てられないから家がだんだん汚くなっていきます。

もともと給料よりも支出が多い分、赤字になりお金もなくなってしまう。そうした悪循環が貧乏体質から抜け出せないというロジックです。これって、単純な計算なんです。

その元はと言えば、**すべては執着や欲望からきている**のです。

結局、モノを買ってしまう欲望と、モノを捨てられない執着が人間の逃れられない性《さが》なのかもしれません。

✠モノを大事にするとはどういうことか？

私は全捨離することで、モノに対する考え方がガラリと変わりました。

まずモノには魂があるということです。モノがたくさんあって、そこにはすべて魂が入っています。ですから、モノにはそれを大事に使うプラスの波動と、モノを大事にしないマイナスの波動があって、それが持ち主に向いてきます。

たとえば、健康を害したり、運気が下がったりするのは、すべてモノが放つマイナスの感情であるということに気づいたわけです。それまでたくさんのモノがあった私は、そうしたマイナス感情に家の中が支配されていて運気を下げ、大きな仕事の案件を3つ失いました。

とくに、モノが放つマイナスの波動は、**「使われていないモノ」**から発せられます。**「なんで私を使わないの？」と持ち主にメッセージを送っている**わけです。

では、そうした使っていないモノを捨ててしまっていいのか。

モノにも輪廻《りんね》のようなものがあって、それぞれ役目というものがあります。使われないモノはその役目を果たせません。ですから、マイナスのメッセージを持ち主に投げかけるのです。

どうせ使わないモノ、言い換えれば、モノに役割を与えていないモノならば捨ててあげたほうがいい。捨てれば違うモノに生まれ変わるので、彼らにとってはそっちのほうがありがたいのです。

もったいないから捨てない、捨てられないという人は、こうしたモノのマイナス感情を溜《た》め込むだけで、その感情が実は自分に向かっているということに気づいていません。

使わないモノを溜め込むくらいなら、それらを捨てて、本当に大切なものだけを残して大切に使い込んであげるほうが、あなたの運気も上がります。

誰もが「モノを大切にしなさい」と小さいときから言われ続けていると思いますが、モノを大切にするというのは、それを大事に使ってあげるということなのです。

だから、モノには良い波動もあります。それは大事に使ってあげること。大事に使って、人間がもう使わなくなったときが、お役目を終えたときです。

たとえば、野球界のレジェンドであるイチローは、自分が使っている野球道具を本当に大切にしたそうです。

私はイチローが大好きなんですが、有名な話はたくさんあります。彼は誰よりも早く球場に行って、誰よりも遅く球場をあとにするそうです。なぜかと言うと、彼は試合前にバット、グローブ、スパイクを磨いて、試合が終わったあともきれいに磨いていたのです。

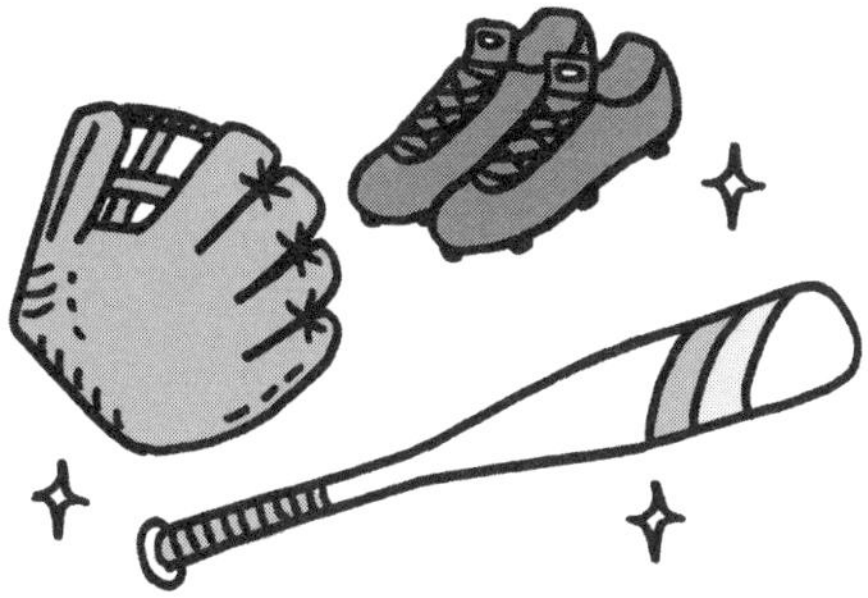

もちろん、自分のコンディションを最高の状態に持っていくために、早めにグラウンドに出て柔軟運動などを欠かさないのですが、私はモノを大事にしていたからこそ、イチローがモノにも大事にされたのだと思っています。

たしか、パンチ佐藤（オリックス時代の先輩）だったと思いますが、イチローは一番遅くまで残ってグローブを磨いていたのですが、グローブに「ありがとう」と話しかけている姿を見たと言っています。

こうなると、彼をあそこまで押し上げたのは、モノが持っているプラスの波動がイチローに宿ったのだとしか思えません。あれだけのスーパースターになってくると、バットの芯《しん》に当てるのも0・1ミリ違えばヒットになりません。それはイチローの技術プラス、バットの気分しだい。わずかなズレをバットが自ら調整してくれたのです。

ふつうならキャッチできない球もグローブが捕らせてくれる、大事な場面ではスパイクが盗塁をセーフにしてくれる。数々のスーパープレーは、道具がすべてイチローに味方をしてくれたと思わざるを得ません。

これはもっと身近な日常生活にも言えると思います。

たとえば、包丁を使っていて落としてしまった場合でも、その包丁が柄《え》から落ちるか刃から落ちるかは、包丁の感情波動によります。

刃から落ちて大けがをしてしまうのなら、それは包丁を大事に使っていないからです。モノに魂があるというのはそういうことで、包丁は自分の意思で柄から落ちるか刃から落ちるかを決めているのです。

とにかく、運気の高い人は例外なくモノを大切に扱っています。モノを大事にするからモノからも大事にされる。この世界には神様がいて、私たちの目に見える世界は10％もありません。目に見えない90％以上の世界をどう使いこなすかで、人生は豊かになっていくということなのです。

野球選手が引退するのは、野球の神様が自分に味方してくれなくなったときです。でも、人生を引退するのは死を迎えたときだけです。**目に見えない世界をうまく使いこなせるかどうかで、あなたの人生も変わっていきます。**

全捨離とは、モノが与える影響という見えない世界を大切にしているかどうか試される、運をよくするための実践なのです。

＊事例――全捨離合計2トントラック約18台。劇的な効果が出た新潟・村上の鮭の老舗

新潟県の日本海に面した城下町村上市は鮭《さけ》の産地として有名で、塩引き鮭や鮭の酒びたしなどの名産品があり、平安時代からの鮭の歴史と伝統を持つ土地です。その村上市には鮭のすべての部位を活かした、なんと100種類以上の鮭料理があるそうで、こうした鮭食文化を現在まで長く守り続けています。

その村上市に、株式会社きっかわ（屋号は「千年鮭きっかわ」）という伝統鮭製品製造加工販売の会社があります。

きっかわさんは、1626年創業。造り酒屋を経て、村上鮭製品の商業化の元祖で、ご主人が15代目。江戸時代から続く老舗中の老舗です。

きっかわの現在の女将《おかみ》が吉川《きっかわ》美貴さん。彼女はもともと断××を実践していたそうで、実践するたびに大きな手応えがあり、予想外の大量注文が舞い込んだりしていたそうですが、もっと徹底的にやってみようと思っていたところ、私の全捨離に出会い、さらに人生が好転しだしたそうです。

そんな吉川美貴さんに、あらためてお話をうかがいました。

「全捨離を知った瞬間、「これだ！」と火がついた」

私はもともと運や目に見えない世界が、現実にいかに影響を与えるかを実感していました。というのも、2015年頃から断××を実践するようになり、不必要なモノを捨てるたびに、経営にいい循環がもたらされるようになっていたからです。

そこで、もっと本格的にやってみようということで、2018年4月にネットを検索していたところ、断××ではなく、全捨離という文字が目に飛び込んできました。そのときのネーミングのインパクトにビビッとくるものがあり、櫻庭さんの電子書籍『全捨離のすすめ』をその場ですぐに購入しました。

夜中まで読み続け、プレゼントで付いていた動画も拝見すると、気持ちがワクワクし始め、これは絶対に全捨離をやろうと決心しました。

翌日からは櫻庭さんのポッドキャストも聴き始め、社員の研修にも取り入れました。何グループかに分けて社員にも聴いてもらいましたが、最初は社員全員が心底納得したわけではありませんでした。しかし、以前に断××をしたあとに大きな成果があったことを、みな知っていましたし、何より私がそれ以上にワクワクして楽しそうにしていましたので、うまく社員のことを全捨離に巻き込んでいくことができました。

いっぽう、社長である主人も、目に見えない世界を信じ、大切にする人だったので、全捨離には賛成してくれました。さすがに伝統を守り、モノを大事にする人だったので、モノを捨てるのを惜《お》しみ、「いつか使う。いつか使う」という思いはあったようです。

しかし、櫻庭さんの「いつか使うは、絶対に使わない」の言葉で、主人の洋服も全捨離。スーツなどもすべて捨てて新調しました。これにはさすがに本人は苦笑していましたが。

一気にモノがなくなっていく爽快感

さて、簡単に全捨離と言っても、15代、創業から395年続く会社なので、実践する場所は広範囲にわたります。

本店、事務所、工場、商品保管庫、冷蔵・冷凍設備、資材倉庫、それに住居部分、別宅、別店舗とあって、そのうちの本店・別店舗・別宅はいずれも国の登録有形文化財に指定されています。

由緒ある建物と言っていいのですが、同時に400年近く溜まりに溜まったモノで、それまでは手をつけるのを避けていたのかもしれません。しかし、主人も社員も巻き込み、全捨離するという強い決意を新たに、全社員でものすごい勢いで全捨離を開始しました。

たとえば、蔵の中はすでに開かずの間状態。昔の仕事道具や、お膳《ぜん》などの器物類、先祖が着ていた着物……。なかには「空襲警報発令中」と書かれた戦時中の看板まで出てきました。

倉庫にはいまや使わない資材、機器類、事務所には捨ててもいいような書類、ファイルなど、大量の使わないモノがありました。

モノが溜まるたびに断××を行ってきたものの、製造から販売までを行う会社にとっては、捨てても捨ててもモノが入ってくる状態。

そこでまずは必要なモノ、先祖から継承していく大事なモノは取り分け、それ以外は思い切って全捨離を決行しました。仕事に必要な「鮭の酒びたし」を入れるコンテナなどは予備に大量に買って新品のものがどっさりあったのですが、必要な量だけ取って、残りはすべて捨てました。実は、その直後に必要になったのですが（笑）。

そのときの量は、なんと2トントラックで8台分。

その後も引き続き、社員の協力のもとに断続的に全捨離していった結果、どんどんモノが少なくなっていきました。そのたびに片づいていく工場や店舗‼　見回すたびに、空間が広くなっていくのが爽快《そうかい》でした。主人は建具をはずして、空間をひと続きにするのが趣味（?!）なので、全捨離と並行して、風通しのよい空間づくりも始めましたが、これも全捨離の相乗効果となりました。

櫻庭さんの「床面積を1ミリでも広くすることに命をかける」という金言（？）どおり、私も命をかけて（笑）実行したので、波動が上がり、清い美的空間に生まれ変わりました。

「家も実家も全捨離。すべてをパワースポットに」

全捨離はもちろん会社だけにとどまりませんでした。当然、自宅も一気にモノを手離していきました。

少しでも床面積を広げるために、家具類も処分。とくに書類やら本がたくさんあったので、キャビネットや本棚をなくしてスペースを広げていきました。

家の中にあるモノがどんどんなくなっていき、ムダに大きな家具類も家具ごと処分していき、その分量は、その後の会社の全捨離もあわせると、ゆうに2トントラック16台分になりました。

ところで、会社と家の全捨離を終えて、私は1つ気になり始めたことがありました。それは、私の神戸にある実家です。実家はすでに両親は住んでいなくて、年に数回帰省して使ってはいたのですが、この家も使っていないモノが相当ありました。

ここで私は、櫻庭さんの「使っていないモノのマイナス感情が飛んで来る」という言葉を思い出したのです。

そこで私は、神戸と新潟を往復して全捨離を開始しました。実家に帰るたびにモノを捨てていき、結果的にゴミ袋80袋を何回にも分けて出していきました。

ゴミは朝5時以降に出さなければなりませんでしたから、私は5時になると、まだ薄暗い中からゴミ出しを開始したのです。いま思うと、何だかとても怪しい人ですね（笑）。

自分で捨てられる範囲のモノを捨てたあとは、大きな家具類は業者を呼んで持っていってもらいました。、2トントラック1台、軽トラック1台分。一軒家を1人で全捨離しても、これほどの量になるとは驚きでした。

【全捨離後、会社の売り上げは激増】

さて、こうして全捨離をしてきたわけですが、やはりその効果は顕著に現れました。残念ながら、会社の全捨離をしている最中に奇跡のようなことは起こりませんでしたが、その効果は早くも3カ月後くらいから現れたのです。それはそれは、さまざまな出来事が起こってきました。

❶2018年、テレビの全国放送（本放送と、その後立て続けに再放送、再々放送があり、そのたびに大量注文につながりました）。

❷私は主人とともに、城下町村上で町おこしを20年以上やってきましたが、初めて外国政府に招聘《しょうへい》されて外国講演を行うことに。また、2018年、2019年は行政関係はじめ公的機関主催の大型の記念講演や基調講演を依頼されることが激増。

❸2019年、JRのデスティネーションキャンペーンできっかわの本店ののれんの写真が採用され、全国のJRの駅に貼られました。
❹2019年、過去最高の増収増益を達成。
❺2020年、朝日放送系列の全国放送『朝だ！ 生です旅サラダ』で、大量注文(過去最高)。
❻同年、コロナ禍においても実質最高の決算に。
❼2021年2月、ANA機内誌に8ページにわたって、弊社が特集される。英語・中国語の裏表紙にも採用される。

等々です。実は、うちの会社は、「営業なし・広告宣伝費も基本ゼロ」の会社として経営を続けてきました（2度ほど新聞の1面に広告を出したことはありますが）。ですから、起こったすべての出来事もこちらから営業をかけた成果ではなく、先方からもたらされた出来事でした。

まさに有難い奇跡の連続だったと思います。

全捨離を継続中のいまも、目に見えない世界のパワーを実感しています。

［見えない世界のすごさを実感。私にとっての全捨離］

全捨離は人生を変えるほどの威力のあるものだと思っていますが、経営者という立場の私にとって、こうした見えない世界を大切にしていくことが会社の経営にも大きな影響を与えています。

私どもの会社は表の経営努力とあわせ、〝裏の経営努力〟もしているわけですが、その〝裏の経営努力〟とは、６つの柱から成り立っています。

❶全捨離（定期的に捨てていく）
❷先祖供養と神事
❸できるだけ新しいもので身を包んでいく
❹風水
❺建物の改修・補修
❻地域も共に栄えさせていく

です。❷の先祖供養についてですが、江戸期の仏壇の中もすっきりさせました。

仏壇はご先祖方の家なので、故障しているお灯明《とうみょう》などは破棄、お供えのお水のお茶碗《わん》なども新しくして、すっきり最低限のものだけにして、仏壇の中の「床面積」を広げました。さらに「先祖に光を当てる」という意味合いで、仏壇の両側からスポットライトを当てるようにしました。

神仏ということではもう1つあります。

私どもの会社は、とくに天地自然の恩恵が大きいという感謝の思いから、15柱の神々をおまつりしています（水神様、風神様、海の神様、雨を降らせる龍神様、塩の神様、火の神様、菌の神様、釜神様、料理の神様、包丁の神様、蔵の神様等々）。

これらの神々のお社《やしろ》の清掃、ご神事の執り行いをして、お札は定期的に取り替えています。

❺の建物の改修・補修については、代々続く建物を大切にして、毎年どこか傷《いた》んだところを補修したり、新しくできるところは生まれ変わらせたりしています。

また、村上の町並みを守るために、本店の斜め向かいの建物を改修し、今秋には新店舗をオープンさせる予定です。村上の町全体の活性化につながるよう、私も主人もまだまだ奮闘中です。

最後に、全捨離に対する私のとらえ方について添えさせていただきます。

全捨離とは私にとって、

❶本当に必要なモノを、不要なモノに埋没させてしまわない取り組み。いま生きているもの（使っているモノ）に光を当てる取り組み。

❷1人1人に、いのちがあるように、会社という法人にもDNAがあり、いのちがある。その会社といういのちを最大限光り輝かせるのに、きわめて有効な手法。

と感じています。

そして、大切なことは、全捨離を1回して終わりではなく、そのあとの継続と習慣ではないかと思っています。運気を上げるには、運気を上げていくための習慣が必要です。

前述の❸の「できるだけ新しいもので身を包んでいく」とあるとおり、私は常に新しいもので身を包んでいくよう心がけています。

たとえば、下着類は毎月1日を取り替え日と決めて家族全員分の買い替えをしています。洋服や靴はワンシーズンで捨てるもの、1年で捨てるもの、1つひとつモノの波動を見て入れ替えていきます。寝具は毎年、マットレス含めてすべてを新しくしています。

こうした習慣によって、定期的にリセットでき、間違いなく運気は上昇していると思います。家や会社の波動が上がるのはもちろんですが、そこがいつもパワースポットと言えるよう、取り組み中です。

最後に、全捨離はぜひとも経営者の方にお勧めします。全捨離すると、頭の中がスッキリしてさまざまなアイデアが浮かび、ひらめきます。その時々に必要な新しい出会い、ビジネスチャンスも生まれ、流れがよくなり加速度的になります。そして、会社が整然としていると、ムラやムダがなくなり、社員の士気も上がり、彼ら彼女らから新しいちからが出てくるように思います。

表の経営努力もさることながら、裏の経営努力を怠らずにしていると、神がかり的と思えるような出来事が日常的になってきます。

私は「全捨離、この摩訶《まか》不思議なるものかな」の思いです。感謝、感謝です。

第2章

全捨離とは何か？
その秘密に迫る

✠ミニマリストや片づけ術との違い

昨今、モノを持たない生活、いわゆるミニマリストと言われる人がたくさん本を書いています。また、片づけ術の本などもベストセラーになりました。

全捨離は言ってみればこうした考え方の真逆と言っていいかもしれません。全捨離の世界観は**「一度モノをすべて捨てる」**ということが最初の一歩だからです。

モノを持たない生活は、それはそれで否定しませんが、あまりにもストイックに生きると人生は楽しくありません。完ぺき主義は人生に疲れてしまいます。健康主義を追求する人でも、菜食主義はあまりにもストイックすぎて、けっこうしんどいと思いますよ。

たしかに、使うものだけで生活するというシンプルライフは正しいと思いますが、それもそれで執着しすぎると、神様は味方してくれません。

片づけ術も同じです。いまあるものをうまく収納したとしても、3日も経てば元どおり。そもそもモノが多すぎるのですから、すぐにまた散らかってしまいます。片づけ術が難しいところはそこにあります。モノが多いまま収納しようとするので、結局片づけもできない人が多いんです。

たとえアドバイザーの知恵を借りても元の木阿弥《もくあみ》というか、片づいたままの状態を維持するのは困難です。

全捨離はそもそも順序が違います。モノを極限まで捨ててから片づけます。一度モノを捨ててからでないと、片づけもできないというのが私の考え方です。


また、全捨離という言葉を聞いて思い出すのが断××です。

私も本を読んで自分なりに実践してみたことがありますが、細かなルールがなかったので、どうしていいかわからなかった経験があります。

とりあえず、いらないモノを捨てようというメッセージだったと思います。そうすると、いるかいらないか捨てるときに判断しなければならなくなります。人間はそう迫られると、たいていは「必要」と思ってしまうのです。

たとえば、紙袋なんかはそうです。あれって、必要なときにないと困ったりします。そこで紙袋を捨てずに取っておく人が多いと思います。「いつか必要」というのが、ここで言う判断で、いるかいらないかを判別すると、結局「いる」になってしまいます。こういった判別が難しい。結局は「もったいないから捨てられない」となってしまいます。

こうしていつ使うかもわからない紙袋がいっぱいになり、気がつけば家の中はそんなモノだらけ。

全捨離はいるかいらないかではなくて、「使っていないモノを捨てる」こと。私の師匠に言われたのは**「もったいないを取るか、運気を取るか、2つに1つ好きなほうを取りなさい」**ということでした。

この本を読んでいるあなたは、もうどちらを取るかはおわかりのはずですよね。

人間は物欲から離れられないのか

人間は物欲から離れられない動物です。とくに、戦前・戦後あたりを生きてきた人はモノがなかった世代ですから、とにかくモノがないと不安になってしまいます。

70代以上の人たちは、病院通いが日課になっている人も多いですが、よく薬だけもらうために病院に行く人がいます。これなどは典型的な例で、実際には家に薬がたくさんあるのにもかかわらず溜めておかないと心配になるのです。

この本を書いていて、人間の欲とはなんてすさまじいのかという、あるテレビ番組を思い出しました。『目方でドーン！』という番組です。

番組名を聞いて「ああ、知ってる」と思った人の年齢はお聞きしませんよ。

この番組は、何組かの夫婦が参加して奥さんの体重分まで旦那がモノを次から次へと運んできて、一番目方の近い夫婦が持ってきたモノすべてをゲットできるという企画です。奥さんの体重分をオーバーするとアウト。

この番組、とにかく奥さんの仕切りがすごい。旦那に「あれ持ってきて！　それ持ってきて！」と、まさに鬼の形相《ぎょうそう》（たしか時間制限がありました）。旦那は指示されたものを走っては取りに行きの繰り返しでヘトヘト。

もう物欲一色の番組でした。でも、たしかに面白い。人間の欲深さを垣間見《かいま》ることができるからです。

まあ、高度経済成長期のモノの時代でしたから、この世代はどうしても物欲から逃れられないということもあります。

さて、話を戻すと、親と同居している人などは、たとえ自分が全捨離をしようと思っても、なかなか理解を得られません。モノを捨て始めた瞬間に、「なんてもったいないことを」と反対されます。だいたい運という目に見えないものを信じることはできませんから。

こうした部分も、全捨離を実践できないという大きな理由ではあります。

では、若い世代の人はどうでしょう。いまの若い世代はあまり物欲がないと言われています。でも私が見るに、違う形で物欲が生じていると思っています。

たとえば、サブスク（サブスクリプション）で自動的にモノ（ここではサービスも入れていいでしょう）を購入している人は、スマホにモノを詰め込んでいるだけで、企業から送られてくる〝モノ〟を考えなしに受け入れています。それが本当に必要なのかどうか考える手間が省けるので、サブスクなどは、頭の中が停止している状態と言っていいでしょう。

頭の中が整理できていない人は、心が満たされなくなるとモノを消費してしまいます。

消費グセは思考が停止している人の行動で、モノが増えていくことになんら疑問も抱いていません。それはサブスクのように、もしかしたら必要のないサービス、使わないサービスかどうかも考えることを放棄してしまっているのです。

もしかしたら、いまの人たちのほうがモノに対する考え方が希薄な分、知らず知らずのうちに買うという行為そのものが見えづらくなっているのかもしれません。

でも、いったんモノを手離すことでしか運を変えることはできません。それはどういう意味なのかをご説明しましょう。

全捨離の考え方は手離すこと

運を変えるために、全捨離はなぜ必要なのか。

それを説明する前に、全捨離という言葉は、そもそも3つの漢字から成り立っています。**「全（て）・捨（てて）・離（す）」**という3つです。その中で、「全て捨てる」は、文字どおりの意味で、そこに「離す」という意味が加わってきます。

「離す」には、主に2つの意味があって、1つはモノを全部捨てれば、あなたにべったりとついていた邪気《じゃき》（モノのマイナス感情）が離れていくという意味です。

第1章でも説明したとおり、使われないで放置されているモノには「なんで私を使ってくれないの？」というマイナスの波動が流れています。これを捨てることによってモノを成仏させてあげるというか、家の中にあるマイナスの波動を消していくという意味があります。

もう1つは、これが全捨離において重要なことですが、**あなた自身の『執着』を手離す』**ということです。

モノを捨てられないというのも執着、過去にとらわれているというのも執着、元カレ・元カノを忘れられないというのも執着。とくに全捨離はモノを捨てられるかどうかで、あなた自身の執着を手離すことができるかを試されていると思ってください。

私のように、右手をブルドーザーにして考えずに捨ててしまえばいいのですが、ふつうは「これいるかな？」「これはあとで使いそう」「これを捨ててしまうのはもったいない」などと選別して、なかなかはかどらないものです。

それこそふつうの片づけになってしまい、執着を離すレベルにはいたっていません。実は、**神様が一番嫌うのは執着**です。モノを手離せないというのは執着ですから、執着を持つ人に神様は味方してくれません。当然、運気は上がっていきません。

小林正観さんも「執着を捨てなさい」としょっちゅう言っていました。正観さん自身、モノにも人にも生活そのものにも執着がない人で、毎日ホテル暮らしをしていましたから、モノに囲まれることもなく、環境に左右されることもなく（いつでも移動できますから）、人（人脈）を気にするでもなく、生活はシンプルそのもの。それよりも神様に愛される生活を選んでいたのです。

執着を捨てなければ運気が上がらないというのは、全捨離で言えば、「モノを捨てれば運がよくなります」ということではありません。

「モノを捨てる（執着を捨てる）＝神様に味方される＝新しいもの（運気も含め）を迎え入れる準備が整う」

ということが目的です。

どういうことかと言うと、手離さないかぎり新しいものは入ってこないからです。つまり、手離していったん空っぽにすることで、新しい運気を迎え入れる準備が初めて整う、家を一度空っぽにすることで、家をパワースポットにして次なる運気を上げる準備をする。これが全捨離の本当の意味です。

たとえば、わかりやすい例があります。私のところに「新しい彼氏ができない」と、ある女性が相談に来たことがあります。そのときに、私は彼女のスマホに昔の彼氏の写真があるんじゃないかと思い確かめました。

すると彼女は、「元カレのことが忘れられず、写真が捨てられないんです」と言いました。私は「新しい彼氏を本気で欲しいと思うなら、いまここで元カレの写真を捨てたほうがイイヨ」と言って、その場ですぐに捨ててもらいました。

そうしたら、その数週間後、彼女から「新しい彼氏ができました」という報告がきたのです。彼女は元カレの写真を手離すことで新しい出会いを受け入れる準備が整い、そこにすでに待っていた新しい彼が入ってきたのです。

結局、手離さなければ新しいものは入ってきません。執着を捨てなければ運がよくなることはないのです。

これを家の全捨離に置き換えると、執着で一番目に見えやすいのがモノですから、使わないモノをすべて捨てて、家に新しい運気を入れる準備が整うことで家がパワースポットになり、新しい運が入ってくるということです。

コロナの影響で働き方も変わりました。在宅で勤務するリモートワークも増えました。とにかく家は1日の中で一番多く過ごす場所ですから、そこをパワースポットにしたいですね。

全捨離は、いわば幸運体質をつくるうえでの準備です。宇宙の法則はとてもシンプルで、**「準備なき者には、いっさいの介入をしない」**というルールがあります。ですから、手離すことによって初めて、宇宙の法則が動き出します。

モノを捨てられないというのは過去への執着です。過去を振り返る人は未来が

どんどん遠くなっていきます。元カレの写真と同じで、新しい彼はすでに未来で待っているんです。

家の中を全捨離すれば、そこはパワースポットになり、幸運体質になる準備が整います。そして、すでに待っている新しい未来、新しい運命がやってきます。

✠全捨離の基本的ルールは、たった3つ

全捨離は執着を手離し、新しい未来を待つための準備と言いました。それを踏まえたうえで、**「全捨離のルール」**をお伝えしましょう。

ルールは簡単、3つしかありません。

❶使わないモノをすべて捨てる（8割捨てる）

❷床面積を広げる

❸床を磨く

これだけです。

❶の「使わないモノをすべて捨てる」については、手離すという意味も含めて説明しました。もちろんこれが一番難しいのですが、全捨離をすると決めて実践してしまえば、モノがなくなっていきます。

捨てる際はいったんモノをすべて外に出して、片っ端からゴミ袋に放り込んでいきます。そして、わずかに残ったものを片づけて（収納して）いきます。

このときに大事なことは、❷の「床面積を広げる」ということです。なぜ床面積を広げるのかというと、**「床＝あなた自身」**だからです。

私が師匠に「床面積を広げなさい。そして床を磨きなさい」と言われたのは、「自分自身を磨きなさい」ということだったのです。

よく床にモノを置きっぱなしにしている人は、実は自分を隠しています。

自己啓発の本に書いてありますが、これまでの人生の出来事の中で失敗して傷つき、不安になり自信が持てなくなってしまう。すると、自分にどんどん鎧《よろい》を着せていきます。そうした鎧を床に敷き詰めてしまっている状態が、自分自身を隠してしまっていると考えればわかりやすいでしょう。

このときに大切なのは、床に置いてあるものを押し入れや引き出しの中に押し込んでしまわないことです。よく見た目だけ掃除してきれいにする人がいますが、全捨離のルールでは意味がありません。まず、押し入れや引き出しのモノをすべて出して、床に置いたままのモノと一緒に、使わないモノを片っ端からゴミ袋に入れていくのが正しいやり方です。

そして、本当に使っているモノだけを収納すれば、押し入れも引き出しも相当な空きができるはずです。同時に、床に置きっぱなしだったモノもきれいになくなります。

最後に、床面積を広げるというルールにしたがって、大きな家具類を捨てます。

ここが全捨離の最大のポイントです。

とはいえ、そうそう家具を捨てることができるのか。私はベッド、ソファー、洋服ダンス、本棚、机、食器棚の6つを捨ててしまいましたが、ここは使わないモノというよりも、いかに床面積を広げるかの視点で捨ててしまっていいと思うものを選んでいきます。

この中で、捨ててしまったほうがいいと私が思っているものがベッドです。

ベッドはホコリが溜まりやすいですし、マットは洗うことも干すこともできないので、おそらく買ったときから邪気でいっぱい。ベッドの下もとんでもないことになっているはずです。

押し入れも全捨離をしたら布団を入れるスペースができるはずですから、寝起きする際に押し入れにしまえば、その分の床面積は広がります。

もしかしたら、ソファーもいらないかもしれません。ソファーはかなりの床面積を取りますから、リビングからソファーがなくなってしまえば、見違えるような空間ができます。

また洋服ダンスは、これまでの洋服が8割ほどなくなりますから、いらなくなったタンスができるはずです。これは捨てることができます。

本棚も本を捨ててしまえば必要なくなります。私は本を読んだら捨ててしまいます。もったいないと思うかもしれませんが、もし必要になったときは、同じ本でもまた買えばいいと思っています。実際に師匠の本は何度も買い直しています。そして、読んだら誰かにプレゼントします。

こんなふうに考えれば、家具も必要なくなってきます。床面積を広げることが、開運体質に変わる重要なポイントですから、モノを取るか運を取るかで考えれば、思い切って捨ててしまうことをお勧めします。

さあ、ここまで全捨離の基本的なルールをお伝えしてきました。ここで**「全捨離の実践法」**もまとめておきましょう。

▼全捨離の基本ルール

❶使わないモノをすべて捨てる（8割捨てる）

❷床面積を広げる

❸床を磨く

▼全捨離の実践法

❶ゴミ袋を100袋買う

❷モノをすべて出して「使わないモノ＋使っていないモノ」をすべて捨てる

❸残ったモノを収納（片づけ）する
❹家具を捨てる（床面積を広げるため）
❺床を磨いて本当の自分に出会う

「全捨離の実践法」の❶「ゴミ袋を100袋買う」は、全捨離を始めるための強い決意の行動です。でも、本気で実践したら100袋なんてすぐにいきますから、安心して買ってください。


さあ、まとめてみると、実にシンプルです。

最後に1つ、私からの最高のアドバイスがあります。それはここまで読んできて、いてもたってもいられなくなったら、この本を捨てて実際に全捨離を始めることです。ルールと実践法がわかれば行動するのみだからです。

実際にそうした行動を取った人で、人生が大きく変わったという報告を私は数多く知っています。

そんな人たちの中で、忘れられない人がいます。

＊事例――振り切った先に商売が繁盛したパン屋さん

私自身の全捨離経験、また多くの人からの全捨離報告で「これはホンモノだ」と思った私は、全捨離を研究して「全捨離塾」なるものを開催しました。

その第1回目の講座で、おそるべき成果を上げた人がいます。この話は前作『世の中の運がよくなる方法を試してみた』の第4章でも触れたのですが、とにかく私にとって忘れられない出来事でした。

それは、あるパン屋さんを開店した女性だったのですが、近所の人にパンをつくっては喜ばれていたのをきっかけに、パンづくりが高じて実際に通販専門のパン屋さんを開業したのです。しかし、趣味と仕事では大違い。開業したもののまったくパンが売れない日々が続きました。

そもそも、趣味を仕事にしてしまうほどの女性でしたから、パンを食べて喜んでくれる人を想像しパンをつくり続けたのです。

しかし、それもついに生活が危うい状況になって、彼女は動きました。それが私の全捨離塾への参加だったのです。彼女は、人生を変えるためには集客法やブログなどの小手先のテクニックに走りませんでした。

そこでいきなりの全捨離塾への参加。私は「この人は切羽詰まっているな」と感じたのですが、そこは私が小林正観さんと出会う前と同じ。そう、彼女に同じ匂いを感じていたのです。「この人は、絶対に振り切るな」と……。

彼女はその日、1回目の講座が終わると、「今日、家に帰って全部捨てます」と宣言して、懇親会も参加せずに、そそくさと帰ってしまったのです。

おそらく、私の右手がブルドーザーだったように、次から次へと捨てていったのでしょう。すると、全捨離をしている最中に、パンの注文がネットで3件入ってきたそうです。

私も全捨離中に仕事が1件戻ってきましたが、彼女の場合も理解できます。それは私が**「前倒しの法則」**と呼んでいる宇宙の法則が生じたからです。

「前倒しの法則」とは、宇宙から見ている神様が「この人は、すべてやり遂げる」と認めた瞬間に、奇跡的な運を授けるのです。つまり、彼女が「全捨離する！」と決めた瞬間、神様はやり遂げる瞬間をすでにわかっていて、彼女に先に奇跡を授けてしまったのです。

私のところには、全捨離をしている最中に、もう人生が変わったという報告がたくさんきます。「前倒しの法則」は、本気の人だけに現れる法則です。

さて、その後の彼女はどうなったのか？

実は、第2回目以降の「全捨離塾」に彼女の姿はありませんでした。というのも、パンの注文が入りすぎて講座に参加する暇がなくなってしまったのです。「月に数件の注文だったのに、あまりにもたくさんくるようになって。パンを焼くのに忙しすぎて塾には行けません」

彼女はその代わりに、塾の仲間に写真を送ってきました。それは部屋からモノがまったくなくなっていた写真でした。

それまでの自分はモノで覆《おお》いつくされた偽物の自分。モノを捨てて本当の自分をさらけ出したとき、神様は初めてあなたのことを見始めます。そして、自分自身を本気で振り切った人に神様は奇跡を与えてくれるのです。
ただし、あなたの決意を**邪魔するやつら**がいるのです……。

全捨離を邪魔する「邪気」の正体

あなたが「全捨離しよう！」と決意を新たにする際、実はそれを邪魔するやつらが存在します。それが**「邪気」**というやつです。

モノにあふれた生活をしていると、家の中は確実に邪気に支配されていきます。邪気とはモノが持つマイナス感情、ホコリや汚れなどが放つマイナス感情から生まれる「気」で、彼らはとにかくモノが散らかっていて、汚い家が大好き。まさに魑魅魍魎《ちみもうりょう》というやつで、だいたい北東から入って南西に抜けていくのですが、汚い家を見つけると、邪気はそこにとどまってしまいます。

邪気には4種の神器というべき存在があります。それは**「浮遊霊・地縛《じばく》霊・貧乏神・疫病《やくびょう》神」**といって、運気を下げる霊だと、私はいつも言っています。

浮遊霊は、死んだ人がこの世をさまよっている霊で、地縛霊はもともとそこに住みついている霊。ここでいう浮遊霊と地縛霊は家やモノに取り憑《つ》いていて、彼らは家族の仲たがいが大好き。ケンカが絶えない家庭には、この霊たちが「もっとやれ、もっとやれ」とマイナスの波動を出します。

貧乏神はその名のとおり、汚い家が大好きで家庭をどんどん貧乏にしていきます。私がお金持ちの家に行くと、まず汚い家というのはありません。彼らが棲《す》み着くのはモノにあふれて汚い家と相場は決まっています。

こうした家には、そのうち疫病神が棲み着くようになって、家族の健康に影響を与えます。そうした家ではみないつも機嫌や体調がすぐれず、うつや病気で寝込んだりしてしまいます。

彼らにとっては家が汚いと居心地がよくて、とくに最高の環境というのは、モノに満ちあふれていて、ホコリだらけで、ジメジメしていて、異臭がしていて、住んでいる人の機嫌が悪い状態です。

私が研究してわかったのは、彼らにとっての最高のおかずは、**住んでいる人の機嫌が悪いこと**で、それを見ているだけで邪気は幸せです。

また、邪気は機嫌の悪い人に取り憑いて、外から家に入り込むことがあります。たとえば、あなたが機嫌の悪いときに外に出かけて行って、彼らの周波数があなたの感情と重なれば、彼らはあなたに取り憑いて、最終的には家に棲み着きます。

さらに恐ろしいのは、あなたが不機嫌な人に会って、その人のマイナス感情に触れると、邪気があなた自身に乗っかってしまうことです。ですから、あなたの機嫌の良し悪しにかかわらず、知らないうちに家に連れて帰ってしまうこともあります。これはまったくもって恐ろしい。

よく憑依《ひょうい》されると言いますが、まさにその状態。こんな行動からも、家に邪気が溜まっていきます。

邪気は見えないエネルギー体ですから、いっ

ぱい連れて来るイメージはしにくいですが、映画『となりのトトロ』に出てくる〝真っ黒くろすけ〟のような集合体だと思ってもらえばいいでしょう。もちろん、あんなかわいいキャラではないですよ。でも、汚い家にはもうあんなのがいっぱい棲み着いているのです。

ちなみに、高熱を出して意識が朦朧《もうろう》としているときに、天井に何か得体の知れないものが見えたりすることがないでしょうか。あれは間違いなく邪気ですからね。子どもが何かを見ておびえたりするのも邪気。意識が覚醒しているときや素直な子どもの目には、たまに邪気が見えることがあるんです。

もし邪気が見えたり、邪気の強さを測れたりするスカウター（『ドラゴンボール』に登場するやつです）が発明されたら、もうノーベル賞ものです。めちゃくちゃ強い邪気をスカウターで見ると、スカウターが爆発したりして……。

冗談はさておき、この見えない世界こそが運というまた見えないものを操っているなんて、人間にはわからないのですから、日頃の行動から彼らの影響を受けているとは考えもしないのです。

全捨離すれば、本当の自分に戻れる

邪気に支配されると、なぜかいつも不機嫌になったり、いつもどこか体の調子が悪いといった現象が起こります。言ってしまえば、その人の思考回路そのものも正常ではなくなってしまいます。

思わずモノを衝動買いしてしまうといった行為は、欲望とは別に自分をコントロールできなくなっている場合がほとんどです。たとえば、アマゾンや楽天でモノを買って、それが届いたときに、「なんでこんなの買ってしまったんだろう」なんていうときは、間違いなく思考回路が停止していたときに購入しているはずです。

だって、何を買ったのか覚えていないのですから。

そのほかにも、気づけばジャンクフードばかり食べてしまっている、お酒を飲んで悪酔いしてしまう、ダイエットしているのに冷蔵庫の前に座ってハーゲンダッツのアイスを食べているなんていうのも、正常な自分ではなくなっている証拠です。

こういう人は邪気に取り憑かれているとしか思えません。完全に本当の自分ではなくなっています。

依存症というのも、本当の自分を失ってしまった結果でしょう。本当の自分ならそんなものには依存しなくても大丈夫なのに、邪気によって憑依されてしまうとなかなか元には戻れなくなってしまいます。

邪気、おそるべし。

しかし、たいていの人はそのあとで、「なんでこんなことをしちゃったんだろう」と後悔するものです。そこでいったん正常な自分を取り戻すのですが、結局同じことを繰り返してしまうのは、家の中に邪気が棲み着いているからです。これを取り除かないかぎり同じことが繰り返されます。それはもう本当の自分ではないんです。

実際にはこれが多くの人の日常です。人間は本来の自分の姿というものがあります。もちろん本来の思考回路というのもあります。大事なのは、誰しもが本当の自分を持っているということです。

そして、本当の自分は無限の可能性を秘めていて、無限のポテンシャルがあります。ただそれが見えていないだけです。

ですから、変わりたいという人は全捨離すれば**「想定外の世界」**が引き寄せられてくるのです。神様が自分の思ってもみなかった、考えてもみなかった世界に連れて行ってくれるのです。

私が多くの人に伝えたいのはここ。私が生まれ変わったように、いつでも誰でも変わることができます。まさに「リボーン」です。本当の自分がそこにいる世界は、味わった人にしかわからない世界なのです。

＊事例――いざ、邪気ハウスへ。汚部屋を全捨離してみた結果

全捨離の実践ということで、私は以前に全捨離モニターを募集して実験してみたことがあります。

とにかく汚い、汚部屋《おべや》の人募集ということで、人生を変えたいという人を募ったのです。そこで見事に合格（？）した汚部屋の人物が見つかりました。その人は、カメラを海外のイーベイで転売していた若い男性。彼は独り暮らしで、仕事部屋と寝るところが一緒のワンルーム暮らし。撮影許可を取って、いざ汚部屋へ突入です。

玄関の扉を開けた瞬間、ダンボールの山、山、山。彼は転売ビジネスですから、買った商品のカメラの空き箱や購入者に送るためのダンボールが、玄関だけではなくいたるところに積み上がっていたのです。しかも若い独り暮らし。部屋は足の踏み場もありません。掃除されている様子もなく、ベッドも引っ越ししてから何もしたことがないと言います。

しかもこのワンルーム、聞いてみたら家賃がものすごく安い。なんで安いのかというと、いわゆる〝事故物件〟というやつだったのです。ダンボールを少しよけて床を見ると、なんか血痕《けっこん》らしきものが残っているではないですか。

「いや、ウソだろ。床に血が……」

そのときは、ちょっと恐怖を覚えました。

とにかく、全捨離モニターとしては最高のケースです。ろくに掃除もしていない汚部屋、使わないモノ（売れない商品）、ダンボールだらけで床面積がほとんどないと3拍子そろっています。しかも、事故物件というおまけ付きの4拍子。もっとも運とはほど遠い部屋です。

「これは本気出してやろうじゃないか」と、私もいつになくやる気マンマンで全捨離に臨んだのです。

彼の家には、たしか4回ほど訪ねて、とにかくどんどん手離していってもらいました。ダンボールは最小限にとどめ、売れない商品は捨て値同然に叩《たた》き売り、ベッドも捨てて、とにかく床面積を広げていきました。

彼も私の言うとおりに頑張ってくれて、ほとんどモノがなく、それまでとは見違えるような広い部屋になりました。

実は、私はこの「汚部屋全捨離作戦」で確信していたことがありました。それは、こうした転売ビジネスのような人は、全捨離すれば売り上げが上がっていくケースが多いということです。

私の周りでも、同じようなビジネスをしている人から、売り上げが上がりましたという報告をたくさん受けていたからです。

そして、結果は……。

なんと、彼の家に行くたびに売り上げが落ちていったのです。

ちょっと焦りました。いや、かなり焦りました。

モニターを募集して、しかも成功事例にするために動画も撮っていたのに、全捨離すればするほど売り上げが落ちていくなんて……。

モノを手離せば手離すほど売り上げが落ちていくということで、モニターの彼からクレームのようなものがきました。でも私は、彼の振り切り方が本気ではないからだと言って、床磨きも毎日するようにしてもらいました。彼も真剣に実践して、毎日床磨きに励んでくれたのです。

そして、全捨離終了の3回目の訪問で、なんと売り上げがピタッと止まってしまったのです。

そう、売り上げゼロ。

そのときは、もうクレームではなくて、彼は私に飛びかかりそうな勢いでした。

本当に困りました。売り上げゼロなんて前代未聞、想定外の結果です。

私は1週間後、また彼のところを訪ねました。すると、彼は食べていかなければならないので、仕方なく転売ノウハウのようなものをメルマガで発信していました。さらに、それでも食べていけそうもないので、このノウハウでコンサル業を始めたのです。

すると、生徒がけっこう集まって、その教えていた人たちがどんどん成功していって、彼はコンサル業で儲《もう》かってしまったんです。

このとき、私は「なるほど神様‼　そうだったんですね」と思いました。

私は小林正観さんに言われたことを思い出しました。私が振り切って実践したら、3週間後に頼まれごとがやってきて、人前でお話しするようになり、いまではしゃべりを活かしたユーチューバーになっているのですから。

一瞬先はハプニング。


何を隠そう、彼はそもそも転売ビジネスに向いていなかったんです。それよりも**人に何かを教えてあげることこそが、本当の自分の姿だった**ということです。

おそらく汚部屋のまま転売ビジネスをしていても成功することはなかったでしょう。しかし、教えることが本当の自分だなんてわかるはずもありません。実際に、彼は人に教えるという経験をしたことが1回もありませんでしたが、食べるために始めたことが自分の本当の姿、使命だったのです。

神様的には、「あなたは転売で生きていく人ではありません。あなたのお役目は、その転売スキルをたくさんの人に教えていき、食べていける人をつくるのがあなたの使命なのです」。

そんな神様からのメッセージがあったからこそ、転売の売り上げが減少していったのです。

いままでにないパターンでのメッセージに、思わず「神様そうきましたか！」と唸《うな》らずにはいられませんでした。

全捨離をすると想定外の世界が待っています。床を磨き本当の自分の姿が現れると、神様はあなたをつまみ上げてくれて、新しい場所へと連れて行ってくれます。そんな事実を目の当たりにした出来事でした。

さて、この章では全捨離の基本のルールとその考え方、言い換えれば全捨離の世界観のようなものをお伝えしました。

目には見えない世界ですが、実践すれば奇跡のような変化が起こります。なんか楽しくなってきませんか。

ということで、次の章からはいよいよ「全捨離の具体的な実践法」についてお伝えしていきましょう。

第3章

「全捨離実践法」
――まずはここから始めよう！

✠全捨離を始める前にゴミ袋100袋を買う

さあ、それでは全捨離の実践に入っていきましょう。

まず、有無を言わさずに**「ゴミ袋100袋」**を買ってきてください。「100袋!?」と思われるかもしれませんが、本当にモノがあふれた家だとこれでも足りないかもしれません。

実際に使わないモノって、どのくらいあると思いますか。おそらくひと部屋だけでも20袋は必要です。独り暮らしでワンルームの人であれば、おそらく20〜30袋使います。ですから、家ならばその5倍は必要です。

捨てるモノが増えたらゴミ袋を買い足すというのは時間のムダ。ゴミ袋があれば、もう本気で捨てなければならないという決意も新たになります。

燃えるゴミ、プラゴミのゴミ袋を先に買ってしまいましょう。これが全捨離の第一歩です。

読者無料プレゼント

「宇宙の法則」って何？

（動画ファイル）

最後まで読んでくれたあなたに感謝の思いを込めて、プレゼント！

この本では、さまざまな「全捨離実践法」を解説しましたが、
その中で登場した、
「宇宙の法則」について、もう少し突っ込んだ話をいたします。
「コスモスバンク」とは何か。
「78対22の法則」とは何か。
どんな人が神様につまみ上げられ、「想定外の世界」がやってくるのかetc.

目に見えない世界の秘密を解説します。

下記URLにアクセスしてみてください。

ダウンロードはこちら

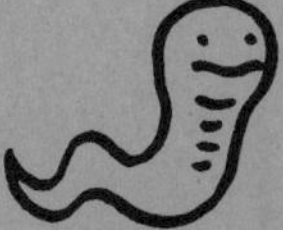

http://frstp.jp/zs

※無料プレゼントはWeb上で公開するものであり、小冊子、CD、DVDなどをお送りするものではありません。
※上記無料プレゼントのご提供は予告なく終了となる場合がございます。あらかじめご了承ください。

邪気と闘うという決意を強く持つ

ゴミ袋を買ったらさっそく全捨離に取りかかる……のではなく、その前に絶対に心得ておきたいことがあります。

それは**「本気で全捨離するぞ」**という強い決意です。

これは全捨離を始める前の準備と言っていいかもしれません。しかし、この決意が重要なのです。

なぜならば、あなたの家に巣《す》くう邪気たちがすでにざわめき始めているからです。

彼らは汚いところが大好きですから、きれいにされるとその家から追い出されるのを怖れて、あなたの邪魔をするために本気で挑みかかってくるからです。

全捨離ではなくても、ふつうの片づけをしていて途中でやる気が起こらなくなることってありませんか。それも邪気が邪魔をするからで、なかなか片づかないのは彼らの仕業だと思ってください。

生半可《なまはんか》な気持ちでは、邪気に簡単にやられてしまうのです。

実際に、全捨離を始めると頭痛がしたり、ひどい人だと寝込んでしまうことがあります。これは私のところにも多数報告が寄せられています。全捨離スイッチが入れば入った人ほど邪気の魔の手にかかるということですね。

ですから、邪気に負けない強い意志が必要になってきます。そして、気持ちをノリノリにして全捨離を開始します。

前にも言いましたが、邪気の好物は不機嫌です。「仕方ない。始めるか」といった後ろ向きの気持ちで取りかかっては彼らの思うツボです。絶対に全捨離するぞという強い意志と、楽しんで行うという気持ちを持ってください。

全捨離を始めると、どんどんと気持ちがハイになってきます。

これはマラソンやジョギングをしているとハイになる、ランナーズハイと一緒の状態です。ランナーズハイとは、走っているとだんだん苦しくなってきますが、それを超えると脳内からベータエンドルフィンという脳内の快感ホルモンが分泌され、ポジティブな感情や幸福感を得るという現象です。

私はこれを**「全捨離ハイ」**と呼んでいますが、全捨離を始めると、「余計なことをするな！」と邪気がいっせいに襲ってきます（これは全員ではありません、部屋の汚さと比例します）。

なので、始める前にディフェンス能力を高めてから行うといいでしょう。塩をポケットなどに入れて行うことをお勧めします。一番のお勧めは天縁塩《あまゆかりのしお》です。アマゾンでも購入可能です。これを1袋ポケットに入れて行ってください。ディフェンス能力が格段に上がります。

ちなみに、この天縁塩は財布の中の1万円札の間に入れたり、枕の下や布団の四隅に置くなど使い道はたくさんありますので、ぜひお試しいただきたいと思います。

8割捨てるのは宇宙の法則

さあ、全捨離ハイになったら、ルール「8割のモノは捨てる」にしたがって、使わないモノをどんどんゴミ袋に入れていきます。それはもう一瞬の判断で行ってください。

「これ、あとで使うかな」「捨てるのはもったいないからとっておこう」などと迷ってはいけません。「はい、これ使わない、ゴミ袋へ！」とバンバン放り込んでください。前にも述べた「右手はブルドーザー」状態です（全捨離ハイの状態なら、すでに捨てるか捨てないかの判断に迷わないと思います）。ただし、「ありがとう」という、いままでの感謝の気持ちを忘れないでください。

なぜ8割を捨てることが全捨離のルールなのか。それは世の中で言われている8対2の法則があるからです。スピリチュアルの世界では**「78対22の法則」という宇宙の法則**がありますが、これを簡単にしたのが8対2の法則です。

この宇宙の法則はけっこう有名で、ご存じの方も多いと思います。全捨離ルールも同じで、だいたい家の中には使わないものが78％あり、これを手離すことにより宇宙の法則が働き、人生が変わっていくという考え方です。

この法則は家の中のモノだけではありません。たとえば、スマホには使っていない機能が78％あるはずです。おそらく機能の3割も使いこなしていないのではないでしょうか。世の中はこうした宇宙の法則にそって動いています。ですから、私は8割を手離しなさいと言っているのです。

実は、全捨離する人も宇宙の法則にしたがえば22％しかいません。私のところにも多くの人が、「思い切って全捨離ができないんです」と相談しに来るのですが、本気で実践する人は22％、つまり100人いたら22人の人が全捨離をして、残りの人は途中でやめてしまうのです。

さらに言うと、22人のうち、本当に人生を変える人は22人の22％、4・8人しかいないのです。厳しいことを言っているかもしれませんが、あなたがここまで本を読んでいる中で、もう第1章を読み終えるか読み終えないかのうちに、いてもたってもいられずに、この本を放り出して全捨離を始めている人が必ずいます。そういう人こそ成功する人と断言しておきます。

そういう人が22％に入る人たちです。途中まで読んで、いてもたってもいられずに全捨離を始めてしまうのです。第2章に登場した、私の全捨離の講座を受けて懇親会も参加せずに帰ってしまったパン屋さんの女性を例にとってもわかるように、彼女のような人が人生を変えていきます。

さらに言うと、全捨離を実践したけれど、それが習慣になる人というのはさらに2割くらい。つまり、100人に1人か2人くらいしか人生を劇的に変える人は現れないということです。

とすると、この本がベストセラーになって、仮に10万部売れて、10万人の人が読んだとしましょう。もし100分の1とすると、10万人のうち1000人が人生を変えるわけです。

それはあなたかもしれません。いや、間違いなくあなたです!!

この本のタイトルのとおり、実践さえすれば必ず結果が出るはずです。

私のきっかけはトイレ掃除でした。家のトイレ掃除を毎日欠かさず実践するのは当たり前。もうバカみたいに、ほかのトイレを見かけると掃除をしてしまうくらいに振り切りました。居酒屋で飲んでいてトイレに行ってもさっと掃除をしてしまうことくらい当たり前になるレベルです。もちろんここまで振り切ることはないですが(笑)。

話を戻すと、全捨離は幸運体質になるための準備。言い換えれば、宇宙の法則を受け入れる準備が整ったということです。

その時点で、神様はあなたを見守り続けます。そして、本当の自分が現れたときに神様はあなたに注目するのです。

✠すべて外に出してから ガンガン捨てていく

ここまでで、気分がノリノリになってきたら、片っ端から使わないものを捨てていきますが、一番いい方法は、玄関なら玄関、部屋なら部屋のモノをまず、**すべて外に出してからゴミ袋に捨てていく**ことです。

ワンルームなどは、いったん押し入れ・引き出し、洋服かけスペースから何から、モノをいったん出してしまい、そこからゴミ袋に使わないモノを入れていくと作業がはかどります。

なぜこの方法がいいのかというと、使わないモノをゴミ袋に詰めたあと、空いた部屋を掃除しながら玄関なら靴を、部屋なら押し入れなどに残ったモノを収納できるからです。そして、丸々部屋が1つ全捨離終了となります。

これなら気分もノリノリ。全捨離の波に乗った「全捨離ウェーブ」の状態で、次の部屋へと進むことができます。逆に1つひとつモノをゴミ袋に捨てていく作業だと、あまりの量に疲れ果てて途中で邪気にやられて進まなくなったとき、散らかったままの感じで何ひとつ終わった感じがしないままになってしまいます。いったん全捨離ウェーブに乗れなくなるとつらくなりますよ。

もちろんやり方は自由ですが、全捨離は時間との勝負ですから一気に進めてしまうほうがいいのです。

✠「全捨離ウェーブ」に乗るなら、洋服の全捨離は最高の練習台

ここまでで、全捨離で邪気との戦いに負けず、効率的に全捨離ウェーブに乗ることができました。と、すぐに始められるという人はいいのですが、「いったいどこから手をつけたらいいのやら……」と、すでに邪気の襲撃にひるんでしまった人もいるでしょう（実際にそういう人も多いです）。

私がよくお伝えするのは、すぐに全捨離ウェーブに乗れない人には、まず**「服から捨てなさい」**と言っています。人間、一度練習してみないと「そんな大それたことは

できない」というのがほとんどです。

そこでまず、全捨離の手始めとして服から捨てていくことをお勧めしています。とくに女性は洋服から始める人が圧倒的に多い。**「使わないモノ＝着ないモノ＝捨てる」**と連想しやすいですし、服も多くあるからでしょうね。

ということで、この本を片手に全捨離を始めるという人は、急いで服のある部屋へ直行してください（ゴミ袋もお忘れなく）。

洋服ダンスのハンガーから服をすべて引っ張り出して、いざ全捨離。

❶まずは絶対着ない服はすべて捨てる
❷シーズンオフの服は思い切って捨てる
❸下着・靴下はすべて捨てて買い替える

【❶まずは絶対着ない服はすべて捨てる】

そもそも着ない服が8割と言っていいでしょう。洋服は絶対にお気に入りのものしか着ないので、自分のレギュラーからはずれた2軍落ちした服は、まず1軍に上がってくることはありません。

　いつか着ようは絶対に着ませんから。

　たとえば、お気に入りのTシャツなどはたいてい数枚で、2軍のものは部屋着になっていると思います。部屋着も数枚あればOK。襟《えり》首がよれているモノなどは速攻で捨ててしまいましょう。

　また、一番よくあるパターンは、「痩《や》せたら着ようと思っている服」です。言っておきますが、そういう人は**絶対に痩せません。**痩せたら着ようというのは無意味です。こう言うと怒られそうですが、痩せたら着ようと思っている服は、実際に痩せたら着ないからです。
　もしあなたが痩せてワンサイズ下の服を買わなければならなくなったら、そのときに新しい服を買ってください。捨てないでとっておいた服は、すでに好みが変わっていて着ることはありません。

全捨離は新しい自分に出会うための準備ですから、いま着られない服であれば捨ててしまったほうがいいのです。痩せたときに本当に着たい服をまた買えばいいのですから。

「❷シーズンオフの服は思い切って捨てる」

シーズンオフの服はどうすればいいのか。私の場合はシーズンごとに服を取り替えるので捨てています。

ブランドものの服などは、たしかに捨てるのはもったいないと感じるでしょうが、私は新しい出会いを大切にしているので、シーズンごとに新調します。ただ、大切に使っているものであれば、すべて捨てなさいとは言いません。全捨離もやりすぎると執着になりますから、そこは自分のペースでムリのない範囲で行ってください。

ただ、使わないのにブランドものを集める人がいますが、これは執着です。よくブランドもののバッグを買って、たくさん持っている人がいますが、完全に衝動買い。

ふつうの思考回路ではなくなっています（おそらく、こういう人は全捨離しようとも思わないかもしれませんが）。

あとはブランドものをメルカリなどで売ることもいいでしょう。でも、私は時間のほうがもったいないのであまりお勧めしません。メルカリに出店して、自分で発送して数千円を手にするくらいなら、全捨離を進めたほうがいいからです。

一番いい方法は、こういったことが得意な友人にすべて任せてしまうことです。売れなかったらそのままあげてしまえばいい。

ちなみに、あなたも経験があると思いますが、たいていい人からもらった服は着ません。もらったときは素敵な服だと感じるのですが、おそらく袖《そで》を通すこともなく洋服ダンスにかけたままになっているはずです。あれ、絶対に着ませんから。人にあげる分はいいのですが……。

捨てるか売る（人に任せる）か、時間を取るか運を取るかは、あなたにお任せします。

【❸下着・靴下はすべて捨てて買い替える】

下着や靴下は古いものはすべて捨てましょう。私は1カ月に1回は買い替えています。これは下着や靴下は**「新しい出会い」を呼び込むアイテム**で、とくに下着は**「パンツの法則」**と呼んで、「1カ月に1回買い替える」ようにお伝えしています。

たとえば、デートのときは必ず新しいパンツを履くように、新しい出会いを求めるのなら新しい勝負パンツがいい。色は気にせずに、化学繊維のモノではなく綿素材で、月1で総とっかえしてください。靴下も同様に月1で買い替えてしまいましょう。あと、ハンカチなどは、私は季節ごとに替えています。

下着は値段じゃありません。興味のある人は「パンツの法則――1カ月に1回買い替える」を実践してみてください。面白いことが起こるんじゃないかと思います。

以上が、服・下着類についてです。洋服は8割捨てたあとは買い替えて、また着なくなったら捨てる。下着・靴下は月1で替える。こうすれば、洋服が増えることは

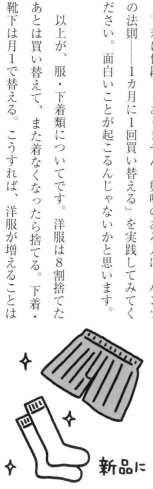

ありません。

最後にスーツですが、古いものは捨てたほうがいいです。とくに新しい出会いには新品のスーツ。私が営業の人に勧めるのが、初めて会う人とのビジネスをうまくいかせたいのなら新品のスーツを着ていくことです。商談がうまくいきます。

ネクタイは……特別にコレは、というお気に入り以外、もう思い切って全部手離して買い替えてはいかがでしょうか。

冠婚葬祭用のスーツは、捨てる必要はないですよ（急な用事で必要ですから、ここまで全捨離しなくても大丈夫です）。


運をよくしたいなら、とにかく実践しかありません。全捨離ウェーブに乗るためにも初めの一歩が大切。おそらく服を全捨離したら楽しくなってきます。

「全捨離って、こんなにすっきりするか」「これで家中を全捨離したら、どんな世界が待っているんだろう」と、実感とイメージがふくらんでワクワクしてきたらＯＫ。

ということで、次の章から本格的な実践に移っていきましょう。

第4章

「全捨離実践法」
——玄関・リビング・寝室・押し入れ・洗面所ほか

✠玄関は運気の入り口

まずは**玄関の全捨離**です。玄関は何と言っても運気の入り口です。玄関が汚い家は運気が下がります。なぜならば、玄関には運気を上げる「旺気《おうき》」というものが入ってくる場所なのです。

運気には**「旺気・衰気《すいき》・殺気《さっき》」**の3つがあって、旺気というのは、私たちの運気を上げてくれる気で、これが玄関から入ってくると言われています。

私はこれまで運がいい人たちの玄関を見てきましたが、正直何もモノを置いていませんでした。これは1つの例外もなく、みな玄関はシンプルです。本当に突き抜けたお金持ちの人は、玄関にかぎらないのですが、とにかくモノが少ない。とくに玄関がシンプルなのは、そこが運気の入り口であることを知っているからです。

面白いのは、私のところに報告があったのですが、表札を苗字ではなく「旺気」と掲げている人がいます。たとえば、表札に「旺気（森田）」なんて掲げているんです。それも1人、2人ではなく何人もいます。

もう自分で旺気さんと名乗っている。つまり、「ここに自分で旺気を運んでくるんだ」と宣言してしまっているんですね。

それだけ玄関は運にとって重要な場所だということです。

この取材中、担当編集者さんが取材を終えたその日に玄関を全捨離したそうで、写真を見せてもらったら、もう何もなくなっていました。

その後の取材の日に話してくれたのですが、その日は全捨離に忙しくて夕食をウーバー・イーツで頼んだら、なんとキャンペーン中で1等が当たり、家族全員分の注文がタダになったそうです。

私に言わせれば序の口なのですが、ウーバー・イーツという玄関先に食事を運んでくれるサービスが、まさに運気の通り道である玄関に運を運んできてくれたんですね。とにかく即効性があるので、玄関の全捨離は一番に始めてください。

［まずは靴を全捨離して、下駄箱をきれいにする］

玄関の全捨離は、初めは玄関のたたきに脱ぎっぱなしの靴、下駄箱に入っている靴を1回すべて外に出します。絶対に履かない靴がありますから、それはすべてゴミ袋へ。

よく靴の空き箱を取っておく人がいますが、なんで空き箱を取っておくのかわかりません。かなりのスペースを取っていると思います。

そして、使う靴をしまう前に下駄箱の大掃除をしましょう。実は靴の裏というのは外から邪気を運んでくるので、**下駄箱は邪気の巣窟《そうくつ》**になりやすいのです。ですから下駄箱をきれいにして、使った靴の裏側を除菌クリーナーで拭《ふ》いてからしまいます。できれば、外から帰ってきたら靴底を除菌してから下駄箱に入れる習慣を身につけると邪気も溜まりません。

私は下駄箱に人工芝を敷いています。そうすれば汚れもなく、掃除するときは簡単です。ホームセンターなんかで売っている人工芝を下駄箱の下に敷くサイズにハサミで切り取れば簡単にできます。私の全捨離を学んだ人たちの中でも実践している人が多く、彼らは**「ラグジュアリー下駄箱」**、略して**「ラグ下駄」**と呼んでいます。

下駄箱にお香を焚《た》くというのも邪気を祓《はら》う方法です。というのも、お香の煙は邪気が嫌うものだからです。靴の底に溜まっている邪気を祓いたければお香を焚いてください。

とにかく、すべてやりなさいということではありませんよ。せっかく実践するなら楽しくやるというのがコツですから。

「いつもピカピカに。靴は運をもたらすアイテム」

さらに運気を上げるとっておきの方法があります。外から帰ってきたら除菌クリーナーで靴の底をきれいにしてから下駄箱にしまうのは基本ですが、**出かけるときにも塩水をスプレーに**

入れたものを靴の底に吹きかけてから出かけると、その日の運気をアップしてくれるのです。スプレーは100均で買ったものでかまいません。

大事なのはその際に、塩水を吹きかけながらとっておきの呪文《じゅもん》を靴にかけることです。

「今日も波動の高いところへ私を連れて行ってくれてありがとう。今日も波動の高い人に出会わせてくれてありがとう」

これが靴への呪文です。

実は、靴というのは自分もいろいろなところへ運ばれながら外からの運を運んできてくれるアイテム（もちろん邪気も運んできます）で、きれいな靴はよい運を運んでくれます。

そして、できればワンランク上の靴を買ってください。昔から「成功者は靴」と言われています。初めに誰から聞いたか忘れましたが……。

そして、靴はいつもピカピカに。私は靴を靴磨きに持っていっているのですが、その店の人は20代の若者で、彼に話を聞いたら、頻繁に靴磨きに来る人は運がよさそうな人が多いとのこと。

とくに私は営業職の人には、「ワンランク上の高い靴を買っていつもきれいにして、靴に話しかけなさい。絶対に営業成績が上がるから」と言うのですが、何人もの人から感謝されています。とくに女性に効果があるようで、そうした報告がよく寄せられます。

先日もある営業の女性が実践したら、3億円の機械が売れて営業トップになったという報告がありました。靴って本当に運気と直結していると思いますよ。

「靴を脱ぎっぱなしにする家族へはどうすればいい?」

靴以外に、玄関にはなるべくモノを置かずにシンプルにします。全捨離には床面積を広くするという法則がありますから、玄関のたたきには靴を置かず、常に下駄箱にしまってください。

もちろん私もたたきには靴を置かず、いつも掃除をしてきれいにしています。でも、こう言うと「家族はいつも靴を脱ぎっぱなしにして、下駄箱にしまってくれません」という相談を受けます。

正直、あなたが何度注意しても、家族にはムリです。しかも、帰ってきたら靴の底を除菌クリーナーで拭くなんてことをするはずがありません。「運がよくなるからやりなさい」なんて言った日には、何か変な宗教にハマっているのかと逆に心配されるのがオチです。

そうではなく、**あなたがだまって靴を下駄箱にしまえばいいだけ**です。

そのうち、あなたの姿を見て「玄関がいつもきれいで気持ちがいいな」と感じれば、家族も靴を下駄箱にしまうかもしれません。もちろん、そうでなくても気にせずに自分1人で黙々とやること。

あとは、靴を全部しまったら靴を出すときに困ると言われたという相談を受けます。それなら、サンダルくらいは出しておいていいでしょう。「絶対」に固執することはすなわち執着になりますから、サンダル1足を出しておくくらいならかまいません。

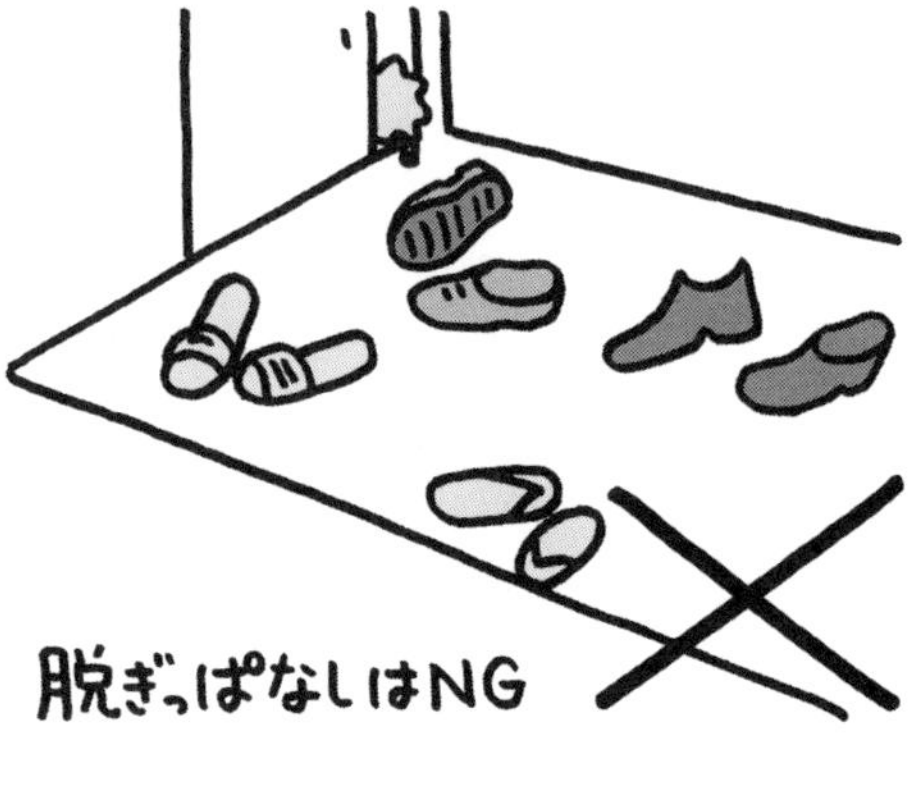

ただし、いつもきれいにそろえておきましょう。

〔玄関にはモノを置かない〕

下駄箱、たたき以外の部分ですが、これも面積を広くするというルールからモノを飾らないほうがいい。とくに下駄箱の上のスペースにモノをごちゃごちゃ置く人がいますが、こういったものも全捨離しましょう。

一番置いてはいけないものは、**人形やぬいぐるみなどの置き物**です。これらは、外から運んでくる邪気を吸い込んでしまいます。彼らが憑依しやすいモノが人形やぬいぐるみなど生き物の形をしたものと言われています。

ベッドにぬいぐるみを置いて一緒に寝ている人がいるかもしれませんが、夜寝る前にグチなんかをぬいぐるみに話しかけてスッキリして寝るというのは、あながち間違った行為ではありません。

そうしたグチ（＝邪気）をぬいぐるみが吸い取ってくれるからです。ある意味、ありがたい存在ではあるのですが、あなたの身代わりになってくれる分、そのぬいぐるみには邪気が溜まっていきます。

また、逆にいつもいい言葉をかけてあげれば、ぬいぐるみも大事に扱われていると感じます。これっていかにモノを大事に扱うことが重要かがわかる例ではないでしょうか。くれぐれも大事にしているぬいぐるみが、映画『チャイルド・プレイ』のチャッキーみたいにならないようにしてくださいね。

話が逸《そ》れましたが、なぜ玄関に人形やぬいぐるみを置いてはいけないかというと、あなたが外出した際、さまざまな見えないものを運んでくるからです。どこかでマイナス感情を拾ってきてしまうと、帰ってきたときにそれを玄関の人形やぬいぐるみが吸い取っていきます。

また、玄関はさまざまな人が出入りする場所です。いまはコロナで人の出入りがほとんどないでしょうが、たとえば宅配便の人がたまたま不機嫌で（いつも笑顔で配達してくれますが、感情はわかりません）玄関に入ってくると、その人の邪気が人形やぬいぐるみに憑依します。

一番怖いのは、飛び込み営業の人を玄関まで招き入れてしまうと、彼らは何度も追い返されて不機嫌になっていることが多いですから、マイナスの感情になりやすい。

そういった人の感情を、邪気は大好きですから一瞬で憑依します。

つまり、あなたが自分自身の感情を意識しているかいないかにかかわらず、玄関には邪気が入ってきやすいのです。

逆に、置いておいたほうがいいモノというのもあります。それは「生花」です。いつも新鮮な花を玄関に飾っておくといい運気を招き入れます。ただ、造花やドライフラワーはご法度。何ごとも手抜きはいけません。古いものにも邪気が溜まりやすいですから。

とはいえ、いつも生花を手入れするのも大変です。そこで私は、ある程度置いておける植物をお勧めしています。それが「柊《ひいらぎ》」か「南天《なんてん》」です。

柊は古くから邪気払いの植物とされています。

その尖《とが》った葉が鬼の目を突くとされ、邪気払いや

魔除けの縁起木として重宝されてきました。ですので、地方などに行くと玄関に柊の木を植えている家を見かけます。また、柊の花からはマイナスイオンが出るそうで、玄関に置いておくだけでも、空気をきれいにしてくれます。

南天も昔から縁起がよいとされて、お正月のしめ縄にも飾られていますね。とくに南天は鬼門対策として風水学でも使われていたものです。邪気は鬼門である北東から入って南西に抜けていきますが、その鬼門に南天を置いて邪気払いするために使われています。ですから、風水的にも玄関に飾るといいとされているのです。

この2つの植物は、古来より縁起がよくなる植物とされているのでお勧めです。

あとは植物以外に置いておくといいのは、**「モリオン」**という黒水晶です。

モリオンは最強の魔除け石と言われるパワーストーンで、邪悪なものを払うという効果があります。とくに、マイナス感情を持つ人に振り回されて巻き込まれるということがありますが、そうした邪悪な気から守ってくれるということで、よく通販サイトではモリオンのブレスレットなどが売られています。

このモリオンを玄関に置いておけば、その日に背負ってきた他人のマイナス感情を玄関に入ってきた時点で払ってくれる効果があるのです。とはいえ、黒水晶のかたまりはそうそう安いものではないですから、とくに「悪いことが立て続けに起こっている人」や「厄年の人」などは置いておくといいのではないでしょうか。

【玄関の全捨離についてのそのほかの諸注意】

あとは、玄関に関してよく質問がくるものについてお答えします。私の全捨離の生徒さんたちは運に関して貪欲《どんよく》（笑）ですから、「これは？　あれは？」と聞いてきます。

ここではそんな質問にもお答えしていきましょう。

まずは**「鏡」**。これは置いても置かなくてもいいです。出かけるときに身だしなみをチェックするために置くという人がいますが、そのために置いているのならいいでしょう。

あとは**「写真はどうですか？」**という質問もあります。意外に玄関に写真を飾っているという人が多いんですね。私は置いていませんが、とくに絶対というルールはありませんから、写真を飾りたい人は飾っていいと思います。

鏡も写真も、いつも磨いてきれいにしておけば別にかまいません。

「傘立てはどこに置けばいいですか？」という質問もあります。これに関しては玄関内に置かないことです。とにかく床面積を広くすることが目標ですから、玄関のたたきには傘立てを置きません。できれば玄関の外に置くのがいいでしょう。

私の場合、傘立てはベランダに置いています。雨の日以外は使いませんから、ふだんは雨が避けられる外に置いています。

最後に玄関内にあるもので、**玄関マットとスリッパ**。

いずれも捨てる必要はないですが、玄関マットは床を隠してしまうということで、私は使っていません。とにかくいつも清潔にしておくこと。それほど高いものではないので、できれば季節ごとに買い替えるくらいの頻度で使ってください。

スリッパに関しても同じです。よく汚いスリッパをずっと使っている人がいるのですが、これは絶対に避けてください。スリッパは床を直接歩くと汚れるからということで使っていると思いますが、実は、気にするべきはスリッパの底の汚れではなく、あなたの足裏に邪気が溜まらないようにすることです。

たとえば、貸会議室などのスリッパは最悪です。もう10年くらい同じものを使っているんじゃないの？　という感じで、いろんな人の足の裏の邪気がたんまり溜まっています。

足の裏には邪気が溜まりやすい。そのせいでスリッパが汚れるほうを心配してください。ということで、スリッパも季節ごとに買い替えるほうがいいでしょう。

「邪気は足の裏に溜まっていく」

玄関の全捨離の最後に、邪気は足の裏に溜まっていくというお話だけしておきましょう。

足元のメンテナンスをないがしろにしてはいけません。私がいろいろな人を見てきて、運気の高い人は足元はいつもきれいにしています。靴はピカピカ、靴下もよれたものを履いている人はいません。

そうした人は、自分の足のケアもしっかりされていて、素足も見事にきれいです。女性でつま先がきれいな人は、姿勢もよく外見もスッとしています。女性は冷え性の人が多いですから、足を温めると健康にいいと言われています。さらに私に言わせれば、足をきれいにすることは、健康だけでなく運気も高めるということです。

なぜなら、足裏は邪気が溜まりやすく、外出するとここに邪気が集まってくるのです。**「足の疲れが溜まる＝足に邪気が溜まる」**と言い換えてもいいかもしれません。

足の疲れが溜まると足裏マッサージに行く人もいるかもしれません。このマッサージをする人はディフェンスをしないと本当にしんどいと思います。この仕事は溜まっている邪気に直接触れますから、体力的にも精神的にもつらい仕事になりがちです。もともと他人の体に触れるとはそういうことで、もっともきつい仕事に介護士があります。彼らの仕事は人の体に触れなければ成り立ちませんから、彼らの苦労はよくわかります（スタッフの定着率が低いのもその原因があるかもしれません）。

あとは足裏マッサージと同じで、直接素肌に触れるエステティシャン。彼女たち（女性が多いので）は、午前中のお客さんの接客をして遅い昼食をとるのが一般的だそうですが、ストレスが溜まって思わず爆食いしてしまうとか、ひどく疲れて寝込んでしまうとか、いろいろと反動があるようです。まあ、体力も相当使っているでしょうからお腹がすくとは思いますが、自分の意に反してドカ食いをしてしまったり、買い物をしすぎてしまうときは要注意です。

もし、1人で昼から焼き肉をガッガツ食らっている女性を見かけたら、「もしかしたら働きすぎて憑かれちゃってるのかな」と思って、やさしい目で見てあげてくださいね。看護師なんかも同じかもしれませんね。

とにかく、人の体を触る職業の人はディフェンス能力が必要です。仕事の際には、ポケットに塩と鏡を入れておくといいのですが。この話は機会があったらお話ししましょう。

ということで、足裏は地球の大地のパワーをかみしめる唯一の部分ですから、大事だということをおわかりいただけたかと思います。

最後のメッセージ……。

あなたのパートナー、あなたの大切な人に、足裏を見せられますか？

✠リビングを攻略。思い切った全捨離が必要な場所

全捨離の醍醐《だいごみ》味と言っていいのが、リビングの全捨離です。

というのも、全捨離のポイント**「いかに床面積を広げるか」**は、このリビングにかかっているからです。

私が全捨離をした際に、もっともいらないなと思ったのが、**「ソファー」**です。何と言ってもリビングの中で一番床面積を取っているのがこの存在です。

もちろん、高いソファーでもったいないという人がいると思いますが、これを思い切って捨てないかぎり床面積は広がりません。

一度、ソファーを動かしてみてください。下にはそれこそ何年もそのままにしていたホコリがものすごい量になっているはずです。リビングの邪気はここに集中していると言っていいでしょう。

同じ理由で言えばカーペットの下もホコリでいっぱい。さまざまな事情でカーペットを捨てられないという人もいるかもしれませんが、床は自分自身。カーペットで本

当の自分を隠している可能性があります。運気を取りにいくならばカーペットも捨ててしまいたいところです。

もう1つ、なかなか捨てられないのが**「テレビ」**でしょう。私も全捨離をしたときはテレビは残しました。私の世代はなにせテレビっ子世代なので、どうしてもテレビは観ますから。いまはもう手離しましたけれどもね。

しかし、テレビは生産性がありません。ただボーッとテレビを観続けているのは、邪気に支配されていると思ってください。思考は停止したままでいいし、ジャンクフードを食べながら観ているなんて、邪気の思うツボです。

いまの人たちはテレビを観ない、そもそも置いていないかもしれません。まあ、ネットを見続けていれば、それはそれで同じなのですが。

テレビを捨ててしまおうと決断したら、その下のテレビ台が消えますから、床面積はかなり広がるでしょう。もともとリビングにテレビを置くスペースが備わっている家は、床を占領することがないのでいいですね。

テレビの全捨離は、もう上級編ですね。

「とにかく床面積、床面積、床面積」

とにかくリビングの全捨離は葛藤《かっとう》の連続です。

家族がいれば、**「テーブル」**は全捨離する必要はないでしょう。ただし、使ううえでの注意点が1つあります。それは、椅子は使い終わったら元の位置に戻すこと。子どもにも椅子を戻すことはしつけにもなるので、このくらいは協力してくれるはずです。まず、こうしたことができないと運がよくなることはありません。

あとリビングに置いてあるものとしては、**「収納ボード」**でしょうか。これはまず収納ボードに入っているモノを全捨離してください。たいてい使ったらそのまま収納ボックスに放り込んだままになっているモノがほとんどだと思います。

おそらく全捨離したら、8割のモノがゴミ袋にいきますから、収納ボードも不要になります。使うものは押し入れなどの取り出しやすいところに収納し、収納ボード部分の床面積を広げるほうが賢明です。

また、こうした大きな家具類は、全捨離中に業者を呼んで持っていってもらったほうが時間も効率的です。粗大ゴミは行政の回収だと毎週何曜日と決まっていますから

（家電などはリサイクル法があって引き取ってくれない場合もあります）、それならば、すべて業者に任せてしまったほうがいいと私は思っています。

床面積を広げたら、あとは毎日床を磨いてください。床はあなた自身ですから、磨いていくうちに本当のあなたが現れて、神様がつまみ上げてくれます。

最後に、**「カーテン」**はどうすればいい？　と聞かれたりするのでお答えしておきましょう。カーテンはこの際、新しいものに買い替えてください。全捨離して床スペースが広くなったリビングを見わたすと、明るい感じのカーテンにすると、一気に部屋の感じが変わります。

スッキリした部屋にふさわしいカーテンで気分も一新すれば、床磨きも楽しくなります。色は問いませんが、明るい色がいいと思いますよ。リビングは

家族も含め、もっとも人が集まる場所です。ぜひ家の中のパワースポットにしてみてください。

「本棚も床面積を広くする観点で言えば置かないほうがよし」

リビングに**「本棚」**を置いているという人は少ないかもしれませんが、大物家具という観点で、ここで述べておきましょう。

私は本棚は捨てました。何度も読むお気に入りの本もありますが、私は読みたくなったらそのつど購入します。本の値段などはたかが知れていますから。

私は世代的に紙の本がいいと思っているので電子書籍は読みませんが、あのスマホに溜め込んでいくだけでも全捨離の観点から言えばモノが増えるだけです。

もう絶対に読まないという本は、電子といえども全捨離したいものです。まあスマホの場合、モノが溜まっている実感がないのが問題ですが（写真や動画なども溜まりに溜まっていますよね）。

それはさておき、本はとにかくホコリが溜まりやすい。

これだけでも邪気が棲むにはうってつけの場所です。しかも床面積を広げるには本棚がなければ相当スペースができます。本棚はいらないという意志で全捨離してしまいましょう。

どうしても必要な本は手離せないという人は、古本だけは要注意。古本は誰かが読んだ本ですから、その人の感情が本に憑依しています。それがマイナスの感情であふれているのであれば持っているだけで恐ろしい。

古本屋さんのよくあるシーンで、古本屋のオジサンが立ち読みしているお客の周りで突然はたきをかけるというのがありますが、古本ってとにかくホコリが溜まっています。しかも一度誰かが読んだ本ですから、オジサンもいつもきれいにしているんですね。そもそも大事に扱われてきた稀覯《きこう》本は、店の本棚に並べていませんから。

もし本を買うのであれば新品を買ってください。読み終わったら捨てて（安い古本を買った場合も同様に）、また読みたくなったら新品を買えばいいと思っています。

✠寝室は人生の3分の1を過ごす場所

3番目が**寝室の全捨離**です。なぜ3番目かと言うと、玄関、リビング、寝室はあなたの運気にとって大事な場所だからです。

玄関は運気の通り道。そして、リビングと寝室は人生の3分の1を過ごす場所ですから、ここを運気を上げる環境にしておかないといけないということです。

とくに寝室はあなたの健康にもっとも影響を与えます。よく「体の調子が悪いので、どうしたらいいでしょうか」という質問を受けますが、その原因は寝室にあります。

朝、布団から20分も30分も出られないという人が本当に多いのですが、朝の目覚めが悪ければ、その日1日の運がよくなるわけがありません。大事なのは、朝にスッキリ爽快な気分で目覚めることです。その目的のために寝室が重要と言っても過言ではありません。

そもそもどこで寝たら一番目覚めがいいのかというのは、本当は家の中のいろいろな場所で寝てみて一番落ち着くところが最適です。だから、実は寝室で寝なきゃいけないということはないんです。布団を敷いて一番リラックスできる場所、目覚めがもっともよい場所があなたの寝るところです。

とはいえ、人間は当たり前のように寝室で寝ますから、環境を整えなくてはいけません。

全捨離のルールから言うと、これも床面積を広げるという観点からベッドを捨ててしまったほうがいい。でも、ベッドが大好きな人もいますし、私がベッドを捨てなさいと声を上げて言うとベッド業界から訴えられる可能性があるので、絶対に捨てなさいとは言いません。まあ、モノを捨てなさいと言ってる時点で、量産を好むメーカーから訴えられる可能性があるのですが（笑）。

［床面積を広げるためにベッドを捨てられるか？］

私はベッドは当然使っていません。床面積という理由以外に、**問題はマットレス**です。マットレスって洗うことができませんよね。おそらくマットレスを頻繁に買い替えているという人はほとんどいないのではないでしょうか。

もう何十年選手という感じで、マットレスには邪気が溜まっています。体調がすぐれないという人は、寝具の性能にあるのではなく、この邪気にやられているのです。

もしマットレスを長年使っている人は、せめて太陽の光の下で干すことをお勧めします。布団のように晴れたらマットレスを干すこと。「マットレスを干す!? 大きくて重いのでムリ」という人には、やはりベッドはお勧めしません。

さらに邪気はベッドに溜まりやすいということもあります。掃除をしていない人は一度ベッドの下を見てみてください。もうホコリだらけです。ホコリは邪気の大好物ですから、ベッドの下、マットレスには邪気だらけ。もう邪気の上に寝ているとしか言えません。

寝ているときは無防備ですから、邪気によって体調が悪くなるのも当たり前。私がベッドを使わないのも邪気

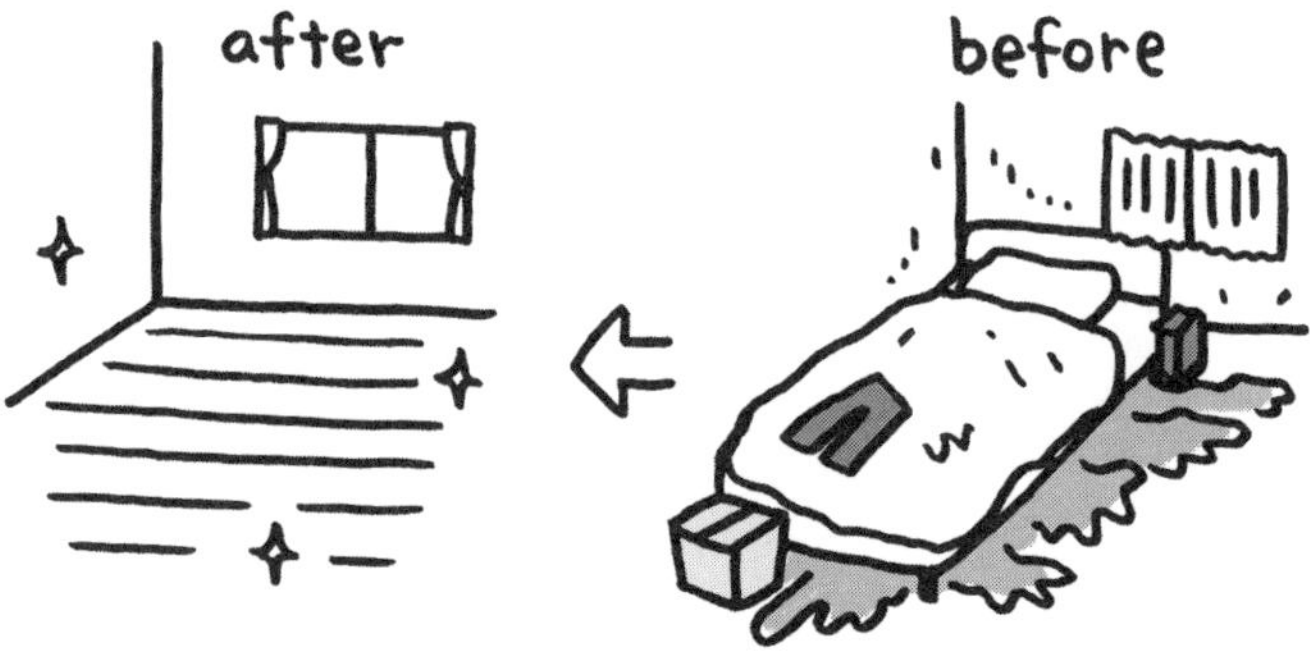

対策の1つです。

【寝室はとにかく邪気対策】

あなたの体調を管理するには、とにかく邪気対策。寝室にとって大事なのは**「空気の透明度」**です。そこで、空気清浄機などを寝室に置いて、常に空気の透明度を高めます。

なぜ空気の透明度が大事なのかというと、**「深く呼吸して寝られる」**からです。

多くの人は、睡眠時間が大事だと言いますが、本当に大事なのは時間ではなくて、この呼吸の深さ。言い換えれば、眠りの深さです。

人間は、空気のきれいなところでは深い呼吸をするとDNAに埋め込まれていますので、空気の汚いところで寝ると浅い呼吸しかできず、眠りも浅くなります。

最初に、目覚めスッキリ、爽快な気分で1日を迎えることが運をよくするための絶対条件だと言いましたが、そのためにはいかに空気を透明にしていくかにかかっています。天井などにもホコリはいっぱい。寝室は一度は徹底的に掃除をしてホコリのない部屋にしてほしいくらいです。

それは邪気をいっぺんに追い払う一番いい方法とも言えます。

［睡眠に悪影響を与える恐ろしい電磁波］

いったん邪気を追い払ったら、寝室に空気清浄機を置いて空気の透明度を保ってください。

ただ注意点があります。加湿器などと一緒になっている清浄機は電磁波が発生します。**この電磁波が大問題。**電磁波問題は社会的問題にもなっていますが、寝ているときに「呼吸が困難になる」「胸が痛くなる」「心臓がドキドキする」などの症状があれば、それは間違いなく電磁波の影響です。

空気清浄機を置く場合は、なるべく寝ているそばには置かないこと。

また、電磁波は人間の脳にも影響を与えると言われているとおり、頭の上にスマホを置くのは絶対にダメです。

多くの人がスマホを頭の上に置いて寝るのは、現代病の1つかもしれません。ベストセラーにもなった『スマホ脳』（アンデシュ・ハンセン著、久山葉子訳、新潮社）という本がありますが、こうした本が売れるのも社会現象として、多くの人がスマホの影響を心配しているからにほかなりません。

常にスマホが手離せない。近くにないと不安になる。これはもう現代病です。

寝る前にずっとスマホを見て、寝るときもアラーム代わりに枕元にスマホを置いて寝る。私には怖くてできませんね。


寝るときは絶対にスマホを体の近くに置かないことです。

【寝具は体調に影響を与える?】

最後にあなたの使っている **「布団や枕」** についても加えておきましょう。

とくに何を使いなさいというのはありません。布団や枕は太陽の下に干して常にきれいにしておけばいいと思います。

私が使っている布団は「麻」です。少し値段は高いですが、ホコリが溜まりにくく、軽いため眠りは最高です。朝の目覚めが重要なだけに、「朝＝麻」を大切にしています(笑)。

枕はなかなか洗えないので、上にタオルを敷いて寝て、タオルを毎日取り替えるのがいいでしょう。

そして、布団や枕の取り替え期間ですが、私は夏・冬ごとに買い替えています。それくらい眠りを重要視しているからです。「年に2回も買い替えるの？」と驚かれる人もいると思いますが、私は買い替えるときに欲しい人にあげてしまいます。

むろん家族の場合、頻繁に買い替えるのはムリということもあります。そこまでやる必要はないかと思いますが、いまの布団を何年も使っているなら、全捨離する際に買い替えることをお勧めします。

✠押し入れの全捨離は最低でも5割のスペースをつくる

私の家は押し入れなどの収納スペースが少ないので、季節ごとに使うものを買ってモノを置かないのですが、押し入れもとにかく使わないモノは全捨離です。押し入れのモノも一度すべて外に取り出してください。

とくにダンボールにモノをしまっている場合は、おそらく中身は使っていないモノがほとんどです。**ダンボールにモノをしまうのはご法度。**あれは邪気の大好物ですから。私はダンボールごと捨ててしまってもいいのではないかと思います。これを「箱捨離」と言って新しく提唱しているのですが、ダンボールは家の中から排除してほしい。箱ごと捨てればゴミ袋もいらないですし。

押し入れは**「モノを5割にする」**を目標に全捨離してください。とくにいらないのがお客用の布団です。お客はまず来ませんから（笑）。布団をしまったままだとホコリは溜まりますし、スペースも取ります。お客が来たときには布団も古くなっていますす。こんなのはムダですよ。

また、**「扇風機やストーブ」**などを納戸にしまうと思いますが、賢い人は貸倉庫などに預けている

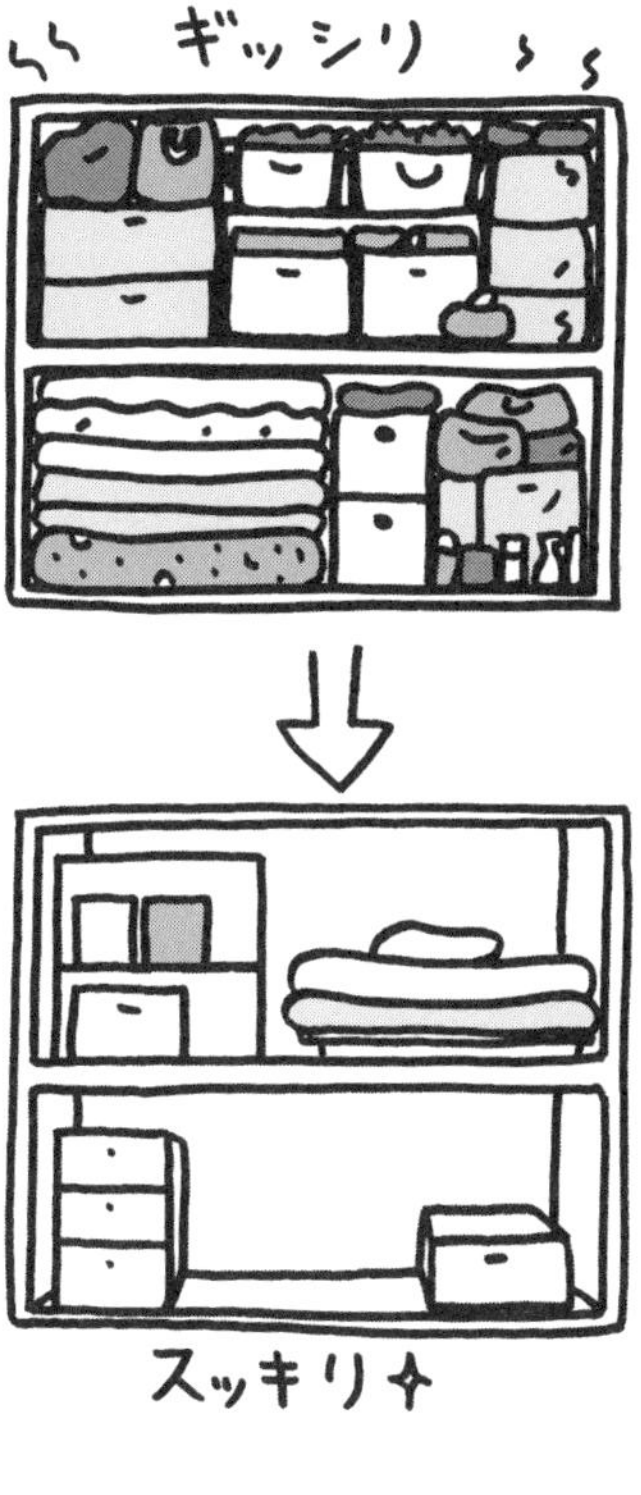

かもしれません。でも、私に言わせればこれはもう終わっています。

貸倉庫は臨時出費以外の何ものでもありません。たとえば、月に1万円かかるとして年間12万円。12万円あったら何を買えると思いますか？　これってはっきり言ってムダ遣いですよね。

しかも、最初は季節で使わないモノを貸倉庫に預けるのですが、片づける手間が省ける便利さゆえに、ほとんど使わないモノまで貸倉庫に押し込んでしまいます。使わないモノのマイナス波動は飛んできますから、家をきれいに全捨離しても意味がなくなりますよ。

このモノのマイナス波動は貸倉庫から飛んでくるだけではないのです。たとえば、実家にある使わないモノからもマイナス波動が飛んできます。実家に置いてあるものはイコール使っていないモノですから、余裕があれば実家に帰ってあなたが使っていないモノは捨てたほうがいいでしょう。

ここまで振り切っていかないと人生変わりませんよ。

最後に**「物置き」**です。ここも使っていないモノを押し込む場所になっている人がいるかもしれません。

物置きは一軒家なら外に、マンションならベランダに置いていると思いますが、置く場所だけには気をつけましょう。北東と南西に物置きを置いてはいけないというルールがあります。もちろん北東、南西は鬼門裏鬼門なので、ほとんど使わないモノを置いている物置きをこの場所に置くと運気は恐ろしく下がります。〝モノ置き〟というくらいですから。

キッチンは全捨離中、もっとも大変な場所

キッチンは**仕事運と直結する場所**です。なぜかと言うと、昔は炊事場は外にありました。家の中にはなかったんですね（かまどだけは家の中にありました）。料理はその家の女性が取り仕切る仕事場でしたから、イコール仕事運とおおいに関係があるのです。

ある女性は、いつもプレゼンで2位しか取れなかったのですが、私が「それなら、台所を徹底的にきれいにしなさい」と教えたところ、もう引っ越し前のようにモノを置かず、ピカピカにしました。

その後、写真付きで報告してくれたのですが、「キッチンをきれいにしたら、プレゼンで1位が取れました」ということでした。

仕事運も上がれば、収入も増える。つまり、**「キッチン＝仕事＝お金」**なんです。慣用句でも「台所が火の車」と言いますし、台所事情と言えばお金のことです。ですから、仕事運を上げたければ、絶対にキッチンということになります。

しかし、家の中でもっともゴミが多いのがキッチンです。その量は尋常じゃありません。おそらく、全捨離したら45リットルのゴミ袋でだいたい20袋以上も出るのがこの場所です。

一度、キッチンのモノをすべて床に並べてみてください。恐ろしいことになりますから。とにかくフライパンやら鍋やら、ストックされているモノや食料品まで、「こんなモノあったっけ？」というくらい出てきますよ。

「調理器具だけでも　使っていないモノは山ほどある」

まずは調理道具をすべて出してみましょう。フライパンだけでも大中小、鍋も大きさ・深さを含めいくつあるでしょうか。

テレビショッピングなどでフライパンと鍋の6点セットなど紹介されていると「便利だなあ」と思ってつい買ってしまったことがある人もいるかもしれませんね。でも考えてみてください。それって、本当にすべて使っていますか？

おそらく使う鍋、使うフライパンは1種類か2種類くらいではないでしょうか。だいたい家族構成で使うものは決まっています。大家族なら大鍋1つでつくっているシーンがテレビなどで映し出されますが（モノを置くスペースもないことが多いですが）、フライパンと鍋は1つずつあればいい

いのではないでしょうか。

最近ですと、圧力鍋１つでどんな料理もできるという触れ込みの重宝鍋が売っていますが、これは便利だと思ってさらに買い足すのはモノが増えるだけです。それならいまある鍋はすべて捨てるくらいの覚悟で圧力鍋１つにしてください。


あとは一番かさばるモノが、ホームベーカリー、フライヤー、ジューサー、コーヒーメーカーや最近流行の炭酸水メーカー（ソーダストリーム）などなど。ここで一度、本当に使っているものなのか考えてください。

ホームベーカリーなどでよく男性から話を聞くのですが、妻が嬉々としてこれを購入して出来立てのパンをつくってくれるそうですが、それもだいたい３カ月くらいで飽きてしまって、冷蔵庫や食器棚の上に放置されているようです。

逆に、男性が凝《こ》るのがコーヒーや炭酸水。男性というのはとにかく道具に凝るため、コーヒーはサイフォンでだとか、買ってくれれば済むのに炭酸水メーカーで飲みたがったり、簡易のビールサーバーなどを買ってきてはモノを増やしていきます。

これには世の女性たちも迷惑しています。しかも、たいていの男って使ったあとは片づけをしないですから、女性はイラッとします。

まあ、いずれにしてもストレス発散で、そういったものを購入してしまっているのが大半です。捨てるよりも使われていないほうがもったいないですし、ただの臨時出費にすぎません。思い切って捨ててしまうべきです。

ここで1つだけ断っておきます。**キッチンは女性の視点、主婦の視点**で全捨離してください。家族で全捨離する場合、キッチンだけは旦那がとやかく言う場所ではありません。いわば聖域ですから、男が勝手に捨てると恐ろしいことになりかねません。

そう、女性は大変なんです。お母さんは大変なんです。キッチンの全捨離について、私もここでズカズカ言っておりますが、女性の気持ちを理解したうえで言っていますので、そこらへんは大目に見てください（笑）。

［電子レンジを置く場所は要注意］

「電子レンジ」は現代人にとってまさになくてはならない必需品でしょう。

私は電子レンジを使っていませんが、それはレンジで温めると栄養価がすべて飛んでしまうからです。とはいえ、ほとんどの家庭では必要でしょうから、1つだけ注意点を申し上げておきます。

それは**「冷蔵庫の上に電子レンジを置かないこと」**です。

冷蔵庫という冷やすものと、電子レンジという温めるものを同じ場所に置くのは相性が悪いからです。ですから、これだけは避けてほしいと思います。

もしどうしても電子レンジを置くスペースがそこしかない場合は、電子レンジの下に木の板を敷くと、冷と温が遮断されます。

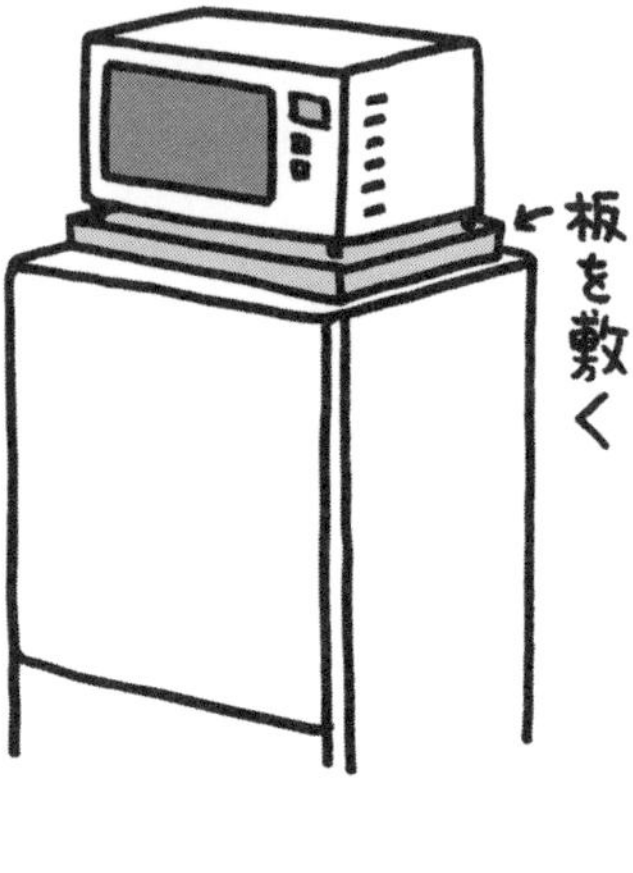

【さまざまな調理用品、保存用品もできれば処分】

調理用品、調理をするための便利グッズなどは、実際に調理する人の観点で考えていただければいいですが、「使わなくても調理できるな」というくらいの使わなくてもいいモノであれば捨ててしまってください。

水切りグッズや野菜をみじん切りにする調理器具などは、忙しいお母さんにとって重宝する道具でしょう。ご判断はお任せします。

ただ、**包丁だけは水切りのところに置きっぱなしにしてはいけません。**包丁専用にしまうところがあればそこに、なければ引き出しにしまってください。これは、刃物を出しっぱなしにすると家族の仲が悪くなると言われているからです。刃物は目に見えないところにしまってください。

保存用品、たとえばタッパやジップロックのようなものも、大量にストックしてあるのではないでしょうか。たしかに保存するのには大小さまざまな種類が必要かもしれません。でも、ここはまとめて必要最小限にとどめて、極力モノを減らしてください。

買い置きするモノには、ほかにもキッチンペーパー、ラップ、タワシ、スポンジ、洗剤、ゴム手袋などなど、いつも困らないようにストックしておくのですが……。ストックしてあったのにまた買ってしまったなんていうことはないでしょうか。それこそ臨時出費です。

安いときに買い溜めするのは主婦の知恵かもしれませんが、モノであふれると家が汚くなるだけです。できれば汚くなって捨てるときに買い替えるくらいでいいのです。スポンジなど汚れたら買い替えるくらいの気持ちで収納スペースを増やしていきましょう。

「割り箸や紙ナプキンなどはもらわない」

ストックではないですが、コンビニなどで「お箸《はし》をお付けしますか？」と訊かれますよね。あなたは〝素直に〟いただいてくるでしょうか。その場で使うなら問題ないですが、それを取っておいて、キッチンの引き出しにたくさん溜まっていることはないでしょうか。

同様に紙ナプキンなんかも付いてきますから、もったいないと取っておくかもしれません。

最近では、デリバリーがふつうになっていますが、あそこにも割り箸や紙ナプキン、おしぼりが入っています。これをストックしておこうというのも人間の性でしょう。

でも、これはモノがあふれるということもありますが、もっと重要な意味で運気を下げてしまうのです。

前作『世の中の運がよくなる方法を試してみた』でもお伝えしましたが、**他人から恩を受けたり、モノをもらったりすると、宇宙銀行にコスモスローンとして借金することになり、それはやがて臨時出費として支払わなければならなくなる**という宇宙の法則があるからです。

他人からもらったものを溜め込んでおけば、いつかその借りを返さなければなりません。ですから、必要がなければ丁重にお断りをして、自分の箸を使ったほうがいいのです。

「皿や茶碗、コップやグラスは使うだけあればいい」

この食器類というのも大量にあって、まずほとんど使わない皿や小皿、コップやグラス、スプーンやフォークもさまざまな大きさや形のもので食器棚に埋め尽くされていると思います。

大家族はムリかもしれませんが、とにかく**食器棚をなくせるくらいの量**に減らすことです。食器棚がいらなくなれば、相当床面積を広げることができます。かなり挑戦しがいのある全捨離です。

そもそも普段はそんなに多くの皿を使うことなんてありません。もし来客用にとってあるという場合、本当に来客があるかどうか考えてみてください。現代、そんなに多くの来客がある家ってそれほど多くないですから。

大丈夫、お客は来ません（笑）。

茶碗《わん》もお椀も丼も皿も、スプーンもフォークも箸も、だいたい家族の人数分あればこと足ります。それならば食器棚もいらないですし、床面積を広げるという定義からすると、せめて小さな食器棚に替えたほうがいい。

もっとも困るのは引き出物でもらった皿やマグカップです。縁起物だから捨てられない、だからと言って新婚2人の写真や名前なんかが印刷してあったら、正直使いませんよ。申し訳ない、私は世界一いらないモノだと思っています（笑）。

「シンクに三角コーナーを使って捨てているなら即刻中止」

シンクに三角コーナーを置いて生ゴミを捨てている方、**運という観点から言うと三角コーナーは捨ててほしい。**こんなこと言うと主婦の敵と言われてしまいそうですが、生ゴミから出る異臭は邪気の大好物。とくに水回りのシンクはいつもきれいにピカピカにしておくと運気がアップします。

ですから、そこに異臭を放つ生ゴミを置いておくのはよくないのです。生ゴミは、できればそのつどビニール袋に入れて縛って、大きなゴミと一緒にしたほうがいいのです。

私はいつでもゴミが出せる環境にあるのでいいのですが、ゴミ出しの日が決まっているという家は、本当にゴミが溜まって大変だと思っています。

キッチンのどこかにポリバケツやゴミシューターを備えなければならないし、ゴミは溜まるいっぽうで苦労します。なるべく臭いが出ない形で〝ゴミ問題〟を解決してほしいと思います。

たとえば、生ゴミを肥料にしてくれるコンポーザーなんかがあるといいですね。

「火回りはもっとも仕事運に直結する」

ガス回り、**いわゆる火を扱う場所はもっとも仕事運に直結する場所**です。始めのほうでも述べましたが、家で言うところの仕事場で、昔の人は火を大切に扱ってきました。炊事場の中で、かまどだけは家の中に置いてありました。かまどはいつもきれいにしていたんですね。

いまはＩＨの家庭も多いですが、私は火の大切さを知っていますからガスレンジを使っています（わざわざＩＨに替えることはお勧めしません）。また、ガスレンジにアルミホイルを敷いている人がいますが、これはやめたほうがいい。しかも、敷いたら油汚れもそのままでたいていは汚くなっています。

火回りは仕事運に直結しているので、**アルミホイルで自分自身を隠しているのと同じ状態**になってしまいます。それは仕事でも自分自身を隠していることになるので、アルミホイルは使わずに、いつも掃除してきれいにしておくほうがいいのです。

そして、せっかく全捨離するなら、換気扇も掃除しましょう。ここは油がベトベトで素人掃除するのは大変です。業者に頼むと最初の状態のようにきれいになります。それくらい思い切ってきれいにしてしまいたいものです。

もう１つ、細かいことですが台所マットもこまめに買い替えましょう。あれは相当汚れやすいですから（使わないという手もありますが）。

財布と直結「冷蔵庫のルール」

さあ、これでキッチンの全捨離は終わり。いや、待ってください。最後に冷蔵庫の中身の全捨離を忘れてはいけません。

冷蔵庫の中身は、実は財布（お金）と直結していて、入れておいてはいけないモノのルールがあります。

それが**「冷蔵庫のルール」**です。

まず、冷蔵庫が汚いと金運が落ちます。とくに嫁と姑《しゅうとめ》との仲が悪くなるというのがあるんです。

そして、消費期限切れのものは臨時出費を発生させます。これはわかりやすいと思います。消費期限切れはそれ自体がムダにお金を使っているということですから、こうしたものが冷蔵庫の中にたくさんあればあるほど臨時出費を生むのです。

消費期限切れのものは有無を言わさずに捨てていきます。ただし、それらを捨てるときには**「ごめんなさい」と謝って捨てる**こと。ムダにしてしまったのはあなたです。食べ物は元々、命あるものを殺生《せっしょう》して成り立つものです（植物も同じです）。その生をムダにしてしまったのですから、謝ることで成仏してもらうのです。これも冷蔵庫のルールです。

先ほどお伝えした「冷蔵庫の上に電子レンジを置かない」というのも冷蔵庫のルールの1つです。

冷蔵庫のルールはまだたくさんあって、たとえば大量の**「保冷剤」**も臨時出費につながります。冷凍庫の中に保冷剤を溜めている人がいると思いますが、使いもしないのにさらにもらってきて、また冷凍庫に入れるという負の連鎖が臨時出費を呼ぶのです。もらってくるという行動はイコール、コスモスローンですから。

以上がキッチンに関しての全捨離です。

キッチンはモノが大量にあるため、解説することもかなり多かったのですが、ゴミ

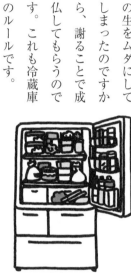

袋も大量に使う場所。もしここが8割捨てられれば、おそらく別世界になるはずです。仕事運や金運につながりますから、何としても頑張ってほしい。

でも、家族で旦那さんが勝手に始めたらエライことになります。そこはあくまでも女性目線で。あとは奥さんが旦那さんに相談して協力をしてもらいながらキッチンの全捨離をするほうがうまくいくかもしれませんね。

洗面所（お風呂）、トイレの全捨離

最後の全捨離は水回り。実は運気を下げる最大の原因は**「水回り」**です。昔の家ではお風呂は離れのような場所にありましたし、炊事場も外にありました。あれには水回りを家の中に持ち込まないという昔の人の風水の知恵だったのです。

もちろんトイレも外にありました。戦前・戦後の家もトイレは一番遠いところにありました。よく子どもの頃に田舎のおじいちゃん、おばあちゃんの家に遊びに行くと、夜トイレに行くのが怖かったという経験がある人がいるでしょう。

でも、いまの家は玄関から入るとすぐにトイレがあるほうがふつうです（いつからそうなったのかは今後研究します）。

そのトイレですが、全捨離において詳しく解説はいたしません。というのも、**トイレは全捨離とは別格の位置づけ**だからです。

トイレについては、前作『世の中の運がよくなる方法を試してみた』でも述べていますが、運をつかさどる神様（烏枢沙摩明王《うすさまみょうおう》様）が住んでいらっしゃるところだからです。ですから、全捨離とは関係なく、常に徹底的にきれいにして、神様を敬う場所です。モノを置かないのは当たり前。相田みつをさんや松岡修造さんのカレンダーもいりませんよ。

運ということで言えば、玄関が運気の産道、そこから母なる大地へつながっています。それがトイレですから（笑）。ということで、トイレは別格です。

洗面所（お風呂）はいつも清潔に

洗面所の全捨離で、何と言ってもムダは「ストック」です。シャンプー、コンディショナー、ボディソープ、ハンドソープ、歯磨き粉、歯ブラシからお風呂の洗浄剤、スポンジ、髭剃《ひげそ》りの刃まで、「そんなにストックが必要？」というくらい溜め込んでしまっている人がいます。

特売の日に大量に仕入れてしまうのでしょうが、なくなったら買い足せばいいだけです。最近ではコストコのようなめちゃくちゃ大量でモノが売られていますが、アメリカじゃないんですから、どうやって片づけているのか不思議なくらいです（また、コストコに訴えられる可能性がありますが）。特売の日にまた買い込んで、洗面所には入らず床の上にもモノがあふれている状態は愚の骨頂です。ストックはせめて1つくらいある状態を保てばいいのではないでしょうか。

1つだけ、洗面所に置いてあるモノの中で刃があるものは見えないところに収納してください。キッチンの包丁と同様、刃は見えるところに置いたままだと不仲の原因になりますから。

モノよりも大事なのは、**水回りはいつも清潔に保つ**ことです。とくに洗面所やお風呂の排水口に髪の毛が溜まりますから、詰まる前にいつも気にかけてください。ああいうところに邪気が寄ってきますよ。

あとは汚いと言えば、浴槽の水です。私は毎日お湯を入れ替えていますが、家族の多い人は最後に使った人が浴槽の湯を抜いて掃除する習慣が生まれれば最高です。何日か使うという家庭もあるようですが、もちろん厳しいことは申しません。

ただし、お風呂は外から持ってきた邪気を洗い流すところですから、湯舟が汚いと意味がありません。水回りは運気を下げる最大の原因であることを頭に入れていただければ、あとはそれぞれの判断でかまいません。

✠やるなら絶対、楽しんで全捨離しよう

いやあ、ここまでそれぞれの場所の全捨離を徹底解説してきましたが、1つひとつ見ていくと伝えたいことが多すぎて大変です。でも、これでもすべては伝え切れていません。ただ、大事なことは全部やらなくてはいけないということではありません。

ふつうならここまでできませんから。

目指すは**「8割を手離す」「床面積を広げる」**です。あとは自由にカスタマイズしてください。

もちろん、振り切った人は誰よりも早く幸運体質を手に入れて、神様がつまみ上げてくれます。想定外の世界がやってくるのがそれだけ早いのです。

あとお伝えしておきたいのは、やはり素直に実践すること。そして、せっかく実践するなら**楽しんでやる**ことです。私は運のいい人たちをたくさん見てきましたが、彼らは「これやると運がよくなるよ」と言われたことを素直に受け入れて、愚直に実践します。

それも楽しんでやっています。不機嫌な人には邪気は喜んで入り込みます。笑顔の絶えない家は邪気が逃げていきます。全捨離中に笑顔でいれば、おのずと邪気は去り、あとは幸運を迎え入れるだけです。

全捨離したら、あなたにどんな奇跡が起こるのか。もうニヤニヤしながら全捨離していただければと思っています。

すごい出来事があったら、ぜひ報告をお待ちしておりますよ。

第5章

【ギリギリ対談】全捨離、言わせてもらいます!

■対談者プロフィール■
邪兄（通称ジャニー）。櫻庭露樹のユーチューブチャンネル「運呼チャンネル」の相方、ナビゲーターとして出演。アフロヘアーと奇抜ないで立ちで、ツッコミとボケを多才に使いこなす。なお、ユーチューブでは師匠櫻庭を大王と呼んでいる。

〝全捨離を始めたら、必ずやつらがやって来る……〟

邪兄　全捨離中にみなさんいろんな体験をされていると思うんですけど、実際どんなことが起こってくるんでしょうか。僕も全捨離してたら、ちょっと頭痛くなってきたんですけど、全捨離中ってどうなんですか。

大王　これはもう如実に現れます。だいたい家が汚い人っていうのは、魑魅魍魎だらけです。僕はいつも言ってますけど、浮遊霊、地縛霊、貧乏神、疫病神というこの4種の神器が、本当に5000体ぐらいいるわけですよ。
あいつらは本当に家が汚くて、モノに満ちあふれていて、その家に住んでる人の機嫌が悪いというのが最高に住み心地がいいわけですよ。だからそういう家があると、そこに棲み着くわけですね。

でも、いざ全捨離のスイッチが入った人間がいて、モノを手離そうとしだすと、やつらは家がきれいになると困るわけですよ。困るのでやめてくれと言って、その人に乗っかってくるってことですね。乗っかってもくるし、その人と周波数が合えば入ってくるし、そんな感じで抵抗してくるってことですよね。

そうすると、どんな現象が降りかかってくるかって言うと、もうこれがワンツーフィニッシュなんですけれども、睡魔と倦怠感《けんたい》です。

これがワンツーフィニッシュです。だから睡魔と倦怠感がきた瞬間に、「あっ、やられた」と、たいていの人が、こういう感じで負けちゃうんですよ。でもここで負けていたら元の木阿弥なんで、「ふざけんな。絶対負けねえぞ」っていう強い気持ちがないとダメなんだよ。

だから全捨離っていうのは、ある意味戦争なんですよね。もうあいつらとの戦いなんですよ。だからあいつらとの戦いに勝たないかぎり、家は片づかないので、この倦怠感と睡魔に負けてはいけないんだよな。

あとは倦怠感と睡魔のほかにも頭が痛くなるとか、腰痛だとか、肩が痛くなるとか膝《ひざ》が痛いとか足首が痛いとかいろんな現象があるんですよね。

でも、倦怠感と睡魔は断トツのぶっちぎりでワンツーフィニッシュなので、これが襲ってきたら、「ああ、やつらがもう来てるんだな」と思わなきゃいけないですね。

邪兄 逆に、もう全捨離をしてるから、家の中の魑魅魍魎たちが騒ぎ始めてるというふうに感じていいわけですね。

大王 そうです。だからそれに勝つかどうかですよね。強い気持ちを持って立ち向かっていかなければならない。

邪兄 でも、こういうのを先に知っておくといいですよね。全捨離をやって、いきなり「ああっ」てなっちゃうよりは、もう来るぞと……。

〝魑魅魍魎たちに、負・け・な・い・で！〟

邪兄 やつらは、いったいどんな攻撃を仕掛けてくるんですか？

大王 それはもうすごいですよ。こっちは1人しかいないですけど、向こうの数は多いんでね。あいつらは大量にいて、その大量のやつらが乗っかってくるんで、倦怠感っていうやつが生まれてくるわけなんです。

大事なのは、そこに負けないという本当に強い気持ちですよね。だからそのときは全捨

邪兄 離ソングっていうのが必要なんですよね。

大王 初めて聞きましたよ、それ。全捨離ソングってどういうことです？

邪兄 全捨離するときは、絶対にBGMをかけてほしいんだよね。曲はZARDの『負けないで』をかけてほしいんですよ。

大王 それって、全捨離公式ソング？

邪兄 公式全捨離ソングだよ。坂井泉水がなんであの歌を歌ったかって言うと、彼女も全捨離に負けそうになったんだよね。彼女が負けそうになったときに、ああもうこのままでは邪気に負けてしまうということでつくり出されたのが『負けないで』なんだよね（笑）。だから、そういった意味が歌詞の中に散りばめられてるんだよ。本当に、歌詞を読んでみな。あれは本当に、もう全捨離のことで悩んで書いたんだなっていう苦悩が描かれているから。

大王 そうなんです？　服は捨てましょうみたいなやつが暗号みたいに……。

邪兄 そうじゃない。完全に『ダ・ヴィンチ・コード』と一緒なんだよ。

大王 それって、最大の謎じゃないですか。

邪兄 本当のことを言えない苦しさがあの歌にはあるんだよ。

大王 じゃあ、坂井泉水さんは、最終的には邪気にやられてしまったんですかね。

大王 残念だね。だから同じ人を増やしたくないので……。

全捨離公式ソングとして、『負けないで』をかけながら邪気と戦うんだよ。本当強い気持ちで向かっていかないとやられるからね。だって8割の人はやられるから。あとは鈍感な人はわからないけどね。敏感な人は絶対やられるね。

邪兄 『負けないで』聴きたくなってきました。

大王 強い気持ちで向かっていこう。戦いだから。試合開始だからね。

邪兄 でも大王、この話は叱《しか》られますって！

大王 (苦笑)。

〝最後のラスボスを倒すまで戦い抜け！〟

邪兄 公式ソングはさておき、自分の好きな曲でもいいんですよね？

大王 もちろんいいですけどね。

記者 わかりました。全捨離公式ソングは『負けないで』で(笑)。

邪兄 まあ、自分を奮い立たせる曲ならいいですよ。『アイ・オブ・ザ・タイガー』とかでも。

邪兄　『アイ・オブ・ザ・タイガー』って？

大王　ジャッ、ジャッジャッジャッってやつ。『ロッキー』の定番曲。

邪兄　あのスーパーのタイムセールでかかる曲ですね。

大王　数量限定、おひとり様1個かぎりで戦うやつね。もう負けてられないでしょう。でも、これはネタじゃなくて、本当に強い気持ちで立ち向かっていかないと絶対に心が折れるし、しんどくなるんで真面目な話です。全捨離していたら睡魔もやってきた、倦怠感もやってきたというときは、本当に邪気がいるってことなんですよ。

邪兄　そういうことを感じながらやると。

大王　いや本当にいるんだよ。だからそれに負けてたら運気が上がらないよっていうことです。

邪兄　全捨離をやっていく中で、こういうやつらが5000体ぐらいいたのがどんどん減って出て行ってしまうと……。

大王　出て行きますね。全捨離は1体でも多くの魑魅魍魎たちを家から追い出していくのが仕事なんで、負けてられないですよ。

記者　最後の1体はやっぱりラスボスですか。

大王　いい質問だね。ラスボスにはジャバザハットみたいなやつがいるんですよ。

邪兄　あれ相当でかいですよ。しかもドロドロしてるし。

邪兄 良心のかけらもないですか。ラスボスには呪術が使えるといいな。『呪術廻戦』みたいに。

大王 味方にならない。絶対ならないから。あいつらにはそんな良心のかけらもないから。

邪兄 でも味方になってくれると強いですね、ジャバザハット。

大王 いるんだな、ああいうのが。

〝邪気だけじゃない。敵は身近なところにもいる〟

邪兄 全捨離をやる中で、かなり脅威な敵になるのに家族の存在がありますよね。

大王 基本的に家族は協力してくれないよね。家族に強制すると余計やらなくなるどころか、反発を受けますね。「またママが変なことやり始めたよ」って。「マジ、ママきもい」ってなるだけなんで。

これは全捨離だけにかかわらず、スピリチュアル的なこと、つまり目に見えない運の話なんかをすると、子どもから「やることすべてがきもい」って思われます。

だいたい思春期の子どもは、親のすることすべてがきもいですから。子どもにとっては、言葉もきもいし、存在もきもいし、何もかもきもいのに、さらにきもいこと始めたねって。

邪兄 大王、そんなに娘さんに言われてるんですか。めっちゃ言うじゃないですか。もうけちょんけちょんに言うじゃないですか。

大王 娘にいつも言われてる。

邪兄 いま、ちょっとリアルでしたよね。

大王 娘はオレの一番のアンチファンだから。

邪兄 言われるでしょうね。僕はまだ子どものことはわからないですけど、きっと子どもにそう言われるのかな。

大王 絶対に言われますよ。まあ、邪兄の場合は子どもが小さいときからしつければいいと思うけどね。

邪兄 その手がありますね。たとえば、ものごころついたときからずっとトイレに烏枢沙摩明王のお札が貼ってあれば、それが当たり前だと思うし。

大王 いいね。でも、少し大きくなって自分の家がほかの家と違うと気づいたときに反発を食らうかもしれないけど。実はお父さん、ヤバい人なんだと（笑）。

邪兄 お父さんヤバい人っていうか、お母さんもヤバい人ってことですよね。

大王 やっぱり自分のやることに対して批判的な家族っているんですよ。やることなすこと気に入らないという。人間は尊敬している人の言うことしか聞かないので、そんな両親が否定されるようだったら仕方がないですよね。
とにかく、家族のことは考えずに、何も言わずに自分1人でやればいいんですよ。

〝ハイテンションでどんどん捨ててほしい〟

邪兄 元々、家が汚かったら家族関係もたぶんよくないですよね。
大王 家が汚い家はだいたい不仲ですから。
記者 そうすると批判されるに決まってるか……。
大王 だから、強要した瞬間から家族は絶対やらないって誓うんで、強要などせずに、自分がただ淡々と楽しくやるだけですよ。
眉間《みけん》にしわ寄せて機嫌悪くやったところで何も変わりません。とにかくご機嫌でやり続けるっていう選択をしなきゃいけないですね。
邪兄 そうすると、やっぱり全捨離中は気分が大事だと。
大王 そうだね。というか、ハイテンションでいかないと進みません。
邪兄 しかも、テンションが落ちちゃうんですよね、邪気が足を引っ張るから寝込んじゃったりだとか。

大王 寝込む人、本当にいますよ。ちらほら寝込みますね。

邪兄 さっきも言ってましたけど、睡魔と倦怠感……。

大王 寝込んじゃう人は相当家が汚いんでしょうね。汚い家の邪気は強力なんですね。「きれいにするのをやめろ、やめろっ、余計なことすんじゃねえっ」って、抵抗勢力のあまりの強さに寝込んでしまうと。講演で質問すると、だいたい1人か2人は絶対寝込んでますから。たいてい邪気にやられます。

邪兄 テンションマックスで全捨離してて、わかったんですけど、モノをいったん全部出して一気に捨てていく感じですよね。その間に、押し入れだったりほかのところを掃除しながら片づけると、邪気もいっぺんに片づく。

大王 そう、一番簡単なのは全部出して掃除して、絶対に使うモノだけ戻していくってやり方しかないです。

邪兄 それが速いですしね。

大王 そのやり方が一番速いです。モノを1つひとつ捨てようとしたら絶対に迷うんですよ。だから、これは全捨離の面白いところですけど、もう迷ったら捨てるってことですよ。

邪兄 いいですね、それ。

大王 迷ったら捨てるんです。0・1秒でも迷ったら捨てるの。絶対捨てたくないモノっていうのは、絶対に捨てないですから大丈夫です。

これ、一瞬どうしようかなと思った瞬間に絶対手離すっていうルールで全捨離してほしいですね。もう迷うっていうことはいらないいんだから。

記者 0・1秒で判断と。

大王 そう、0・1秒で判断。悩んだら捨てる。運気を取るか、もったいないを取るか好きなほうを選べばいいんですよ。とにかく振り切った人のほうが格段に運がよくなるし、即効性もあるので、考えないでハイテンション。これしかないと思います。

〝元カレ・元カノの写真はいますぐ捨てるべし〟

邪兄 でも、使わなくても、大切にしてるモノは取っておいていいんですか。

大王 それは趣味の問題だと思うけど、それも捨てなきゃいけないなんていうことはないので。

邪兄 ただ、大切にしているモノだと、結局押し入れとかにしまっちゃったら大切にしているとは言い難いですけどね。どちらかっていうと大切にしてるというか思い出のモノとかですよね。そこが難しいところですよね。

大王 たとえば、子どもが幼稚園のときに描いた自分の似顔絵とか。

邪兄 だからそれは、写真に撮ってデータ化しておけばいいんだけどね。

なるほど。データ化って言うと、元カレ・元カノの写真だとか入れてたりしますよね。

あとは実物で持っていたりして。

大王 元カレ・元カノの写真はいらないね。

邪兄 まあ、それは捨てたほうがいいでしょうね。

大王 絶対ダメだね、元カレの写真なんていうのは。元カレの写真を捨てると、そのあとすぐ彼氏ができたっていう話はいっぱいありますよ。写真を捨てて新しい彼氏ができたっていう五輪真弓はたくさんあるからね。

邪兄 五輪真弓って何です？

大王 歌手だよ、歌手。

邪兄 五輪真弓って、歌手なんですね。

大王 邪兄はヤングマンなんで知らないんだね。

邪兄 五輪真弓、有名な歌を歌ってるんですか？

大王 『恋人よ』。

邪兄　あっ、その歌なら知ってます。名曲ですね。

大王　「恋人よ～、そばにいて、ヒュルルルー……」

邪兄　ヒュルルルー？　ヒュルルルーって、『冬のリヴィエラ』じゃないですか？

大王　あっ、たしかに『冬のリヴィエラ』だよ、これ。

邪兄　森進一ですね。それはさておき、『恋人よ』は悲しい曲ですよね。って、そもそもなんで五輪真弓なんですか？

大王　なんでだったかな。あっ、そうそう。元カレの写真を捨てると新しい彼氏ができるっていう逸話（イツワ）が数多くあるっていう……。

邪兄　ただのダジャレじゃないですか！

〝執着を捨てなければ新しいものは入ってこない〟

邪兄　スマホに入っている写真も全捨離したほうがいいんですか？

大王　それも必要だね。スマホに大量に入っている写真で削除するものはいっぱいあるはずだよ。写真選択のチェック部分にレ点を入れて、どんどん全捨離してほしいね。スマホに撮ったままにしている写真が何百枚ってあって、すべて削除するっていうのがなかなかできない。

「私には押せないから、櫻庭さん押してくれ」って言われて、削除ボタンを押したことがあるよ。

邪兄 それって、やっぱり元カレの写真？

大王 まあそうなんだけど、その女性は元カレが忘れられなくて、夜な夜な写真を見返して涙を濡らしながら毎日寝てるんだ、って言うから僕が押してあげたんだよ。

邪兄 それって、不幸ですね。

大王 だから、「もしかして復縁できると思ってるの？」って聞いたら、「いや、難しいと思います」って。

だから僕は「いや、難しいんじゃないよ。可能性はゼロだよ。好きな男とか気になってる人いないの？」って言ったら、実は会社にいるらしい。会社に気になってる先輩がいるけど、告白する勇気がないという感じで。

それで元カレの写真を削除してやったんですよ。「それを消さないと何もこないよ。だから削除しよう」とアドバイスして、ついでにその場で僕がピッと削除したんだよ。

これは僕の講演会後の懇親会の席での話。でも削除して1時間もしないうちだったかな。

その彼女のところに、例の気になっている先輩からデートの誘いのラインがきたんだよ。そのときは、懇親会にいたみんなでスタンディングオベーションしてね。

邪兄 めっちゃいい話じゃないですか。大王がいつも言っている「捨てたら空いたところに入ってくる」っていう、あのイメージですね。

大王 そうそう。彼女が写真を捨てられないって執着じゃないですか。神様は執着が嫌いなんでね。夜な夜な泣きながら、プリプリの『M』とか聴いてちゃいけないんだよ。

邪兄 プリプリのM？

大王 プリンセスプリンセス。

邪兄 プリンセスプリンセス？

大王 ジャニー、プリプリも知らないんだ。けっこう有名な曲だけど。イニシャルMの人をいつまでも忘れられずにいるっていう。

邪兄 Mはどんなタイプの人ですか？

大王 MっていうのはマユミのMだよ。

邪兄 さっきの五輪真弓？

大王 ほんと知らないんだな。あれは男だよ、男。MっていうのはマサヒコのMなんだよ。

邪兄 それって僕じゃないですか！ だとしたら、しっかり聴かないといけないじゃないですか。

大王 聴いてみな。プリプリ。奥居香だよ。「消せないアドレス〜」って言って、全捨離できない気持ちを歌ってるんだよ。マサヒコのアドレスが消せないって。

邪兄 そうだったんですね。

大王 だからマサヒコ、香に言っといてよ。「もう戻ってこないよ。スマホのアドレスを消せ」と。

邪兄 もう、古い歌ばかり出してこないでください！

“スマホは人と人とがつながるツールだからこそ全捨離が必要”

邪兄 元カレ・元カノの話を離れて、スマホについての全捨離っていうのもちょっと聞きたかったんです。

大王 スマホっていうのは人と人とをつなぐ大切なツールなのに、ほとんどの人は、電話帳の中にいらない人のデータが無限に残ってるんですよね。あれはもう1回1回削除するのが面倒くさいのでそのままになっています。だから1回全部削除。

邪兄　全部削除って……。

大王　1回全部削除。それで、いる人だけもう1回入れるとか。1回1回削除していたらたぶんすごい人数ですよ。これまでの人生でスマホを持ったときから200人、300人、下手したら600人以上なんているんですよ。あれを1個1個削除していくの大変ですよ。

スマホを落としてなくす人なんかがいるけど、もしもバックアップを取ってないとかであれば、それは完全に人間関係を変えていきなさいっていうメッセージです。いまの人間関係を見直せって。

邪兄　むしろすべて元に戻そうとするっていうのは意味合いが違うんですね。メッセージに合わせていないですものね。

大王　だって電話番号があったって、いまほとんど電話しないじゃないですか。だから、本当に大切な人って、実はひと握りしかいないんだよ。

邪兄　たしかにいないですね。電話するのは家族とかしかいないですね。

大王　だったら家族だけ入れておけばいい。全捨離の基本は、本当に必要なものしかいらないということだよ。

邪兄　必要な人といっても、ラインやフェイスブックだけで十分会話できますからね。

大王 そういった意味では、いらない人のラインも削除するのもそうだし、とにかく中身をスッキリ爽やかにする。すると何が起きるかというと、新しい出会いが待ってるんだよ。スマホは人と人とをつなぐツールなので本当に大切にしないといけない。あとは、電車に乗っていると見かけますが、画面のガラスが割れている人がいるけど、あれはやめたほうがいい。

邪兄 ちょっと中の機械出ちゃっている人いません？

大王 いるね。中の液晶が漏れている人。

邪兄 いますよね。あれっ、スマホって液晶が出ているバージョンがありました？ってみたいな。

大王 もう画面がほとんど見えない人がいるよね。たまにすごい細かく割れちゃって、かろうじて見える部分から覗いている人が。

邪兄 います、います。もしくはうまくスライドさせないと見えないって人ですよね。

大王 画面にひびが入って平気な人っているんですけど、そのまま放置していると人間関係にひびが入ります。そういった意味で、スマホは大事に扱わないとダメですし、いらないデータは徹底的に排除していくっていうことをしなければならないんですよ。

邪兄 あとはやっぱり写真ですよね、執着で取っておいている写真ですね。

大王　もちろん、それも徹底的に排除したほうがいいと思いますね。

邪兄　全捨離ということでは、家とは違いますけど普段の生活の中にスマホが入っていますから、こんなところも全捨離するのも必要かもしれませんね。

〝使わない定額支払いサービスも全捨離的視点で見直せ〟

邪兄　あとは最近のサブスクですね。使っていないサブスクリプションも解約したほうがいいですね。サブスク全捨離。

大王　それも本当にちゃんとチェックしないと。僕も細木数子の有料メルマガを10年も払い続けていたからね。月315円で10年も。

邪兄　10年ってすごいですよね。たかが315円でも10年ってなると。

大王　月315円。まだ消費税が5％のときからだね。ずっと払い続けていたのすら忘れていましたから。

年間3780円。10年間で3万7800円。細木数子のところにいくのがおそらく半分だから、1万8900円。細木数子に実に約2万円も払っちゃったよ。でも、多くの人がそういうものっていっぱいあるんですよ。

邪兄 あると思います。

大王 知らず知らずに入ってしまって、よくあるのが初月無料とかいう罠《わな》にかかって、無料だから入るんだけど解約しようと思いながら解約していないケースです。しかも、入るときはボタン1つなのに、解約するときは面倒なんで、まあいいやってなるんです。けっこう見わたしてみたらありますよ。たとえば、ケーブルテレビとかＷＯＷＯＷだとか。ほとんど見もしないのに。

邪兄 たしかに、お金だけ勝手に引き落とされていきますよね。引き落としで思ったんですが、大王自身は、通帳というか銀行口座っていうのはまとめているんですか？　それとも通帳やクレジットカードをいっぱい持ってるほうですか？

大王 通帳はまとめてないな。お金の入り口はたくさんあったほうがいいじゃない。お金をまとめることは全捨離にならないからね。とくにそこはこだわったことがない。

邪兄 なんかそこはカッコいいですね。「お金に全捨離はいらない　大王」、これは名言になりますよ。

〝訴えられるギリギリ!? 世の中は使わないムダなモノが多すぎる〟

邪兄 日頃から、ついモノを取っておこうとかと思ってしまう人っていると思うんですけれど、ストレスとかモノに取り憑かれているとか、そういう状況がさらにモノを溜め込んでしまうということがあるんでしょうか。

大王 本当にそのとおりですよ。なんでモノを買ってしまうかというと、正常な思考回路じゃないわけですよ。なんで正常な思考回路にならないかというと、モノが満ちあふれていて麻痺《まひ》しているのと、モノが買いたくても買えなかった「低級霊」に憑依されているということがあるからです。

全捨離して何が変わるかというと、自分の家にはこんなに使ってないものが満ちあふれていたんだっていうことに気がつくわけです。こんなにいらないものに囲まれて生きてきたんだって。

そう思ったときに、何が変わるかというと、モノを買う前に「本当にこれ使うのかな」と考えるようになるんですよ。だからそういう思考回路になったときというのは、ムダなモノを買わなくなりますよ。

いままでは平気でネット通販でも何でもポチポチ、ポチポチ買っていたけれども、いらないモノに満ちあふれていて、それを手離したときに、買うときにも絶対考えるようになるんですよ。「これは本当に使うのかな」「これは最高のモノだ」という判断ですよね。だから買う前に必ず1つハードルが用意されるので、そこで確認する回路が生まれて、「いままでもそうやって同じように買ってきてたけれども、どうせこれも、また最初だけ使って、あとは絶対使わなくなるな、やっぱりやめよう」ってなるんですよね。私がお金持ちの人をずっと見てきて、彼らはそういう判断ができるからお金は使わずに貯まっていくっていうのがありますね。

邪兄 たしかにムダなことにはお金使わないですものね。

大王 使わないですね。ふと思ったのが健康器具マシーンかな。これなんていうのはムダの最たるものじゃないですか。ワンダー○○なんてやらないですからね。床面積を狭くするだけ。

邪兄 でも、なんかCMを観るとめっちゃくちゃ欲しくなっちゃいますよね。

大王 だからワンダー○○ってすごいんだよ。ワンダー○○を注文したときが気持ちマックスで、届いたときに後悔している人が半分いるんだよ。結局、箱も開けない人が30％ぐらいいるからね。

邪兄　あんな大きいもの箱も開けないんですか。そうなのか、1ワンダーもしないなんて。

大王　しない。だから、箱のまま新品未開封ってヤフオクだのメルカリにいっぱい出品されているのは後悔している人だよ。健康器具ってやらないんだから買っちゃダメなんだよ。

邪兄　家庭用健康器具っていったい……。

大王　しかも、ああいう大物は絶対にやらないから。

邪兄　だから、ライザップがあれだけ流行ったのも、本当にやるって決断して30何万とか払うわけか。あれぐらいやらないことには、たぶん痩せないっていう証明ですよね。

大王　行かなかったらビンタするみたいな感じじゃないとね。だって食べ物まで写メしてトレーナーに送らなきゃいけないからね。

邪兄　食べるものまで全部写メして送らないといけないんですか？

大王　そうだよ。だから、そういった意味では本当にゼロか100だよね。やるならやる、やらないならやらない。買う前に考えないといけない。ポチッとする前に、本当に使うんだろうかと。

邪兄　やっている自分をイメージしないといけないですね。でも、ワンダー○○ってやってるイメージしてるんですかね。

大王　いや何も考えてない。

邪兄 でも、あのCMはなんか楽しそうなんで。でも、CMを観て想像して、買った瞬間がマックス……。

大王 自分も腹筋バリバリになっているというところまで想像させるのがCMの役割だからね。CMはみんなそういうふうにつくってるから。実は人の心理を操って期待値を上げるやり方ですからね。

企業は人に思考させないんで。買うか買わないかなんて絶対に考えさせないですよ。そんなことをさせたらモノが売れないですから。企業は欲望を刺激するだけなんですよ。

邪兄 能動的に思考させないって、基本的にはあまりよくないとは思いますけど。

大王 だから、テレビなんかいらないんですよ。もう本当にテレビは捨てよう。百害あって一利なし。テレビを捨てて、テレビ台も捨てたら床面積も広がりますよ。

邪兄 僕もテレビは観ないですね。結局、全捨離を始めるとかなり正常な考えに戻ってくるっていうことですよね。

大王 もう麻痺しています。とにかくポチッとする前に考える。

アマゾンで本を買うときも、「本当に読むだろうか」と考えてから買う。面白いもので、本って届いてすぐ読む習慣つけていないと絶対読まない。

邪兄 本を読むのもけっこう時間かかるし、すぐに読む時間が取れるかどうかもあるから、本って贅沢品なのかもしれないですね。

大王 もうワンダー〇〇は買わない、テレビも捨てる、買うときはちゃんと考えることだよ。

邪兄 さっきから僕たち、具体的な商品名を出してますよね。これ訴えられるんじゃないですか。編集者さんに黒く塗りつぶしてもらいましょうか。

“思い出のモノって捨てていいの？”

邪兄 あとは普段の生活の中で、というか思い出のモノってありますよね。先ほども出てきた昔子どもが描いた似顔絵なんかもそうですけど、アルバムのようなものです。

大王 アルバムとかもいらない人がいると思うんですよね。幼稚園とか小学校とか中学校とかの卒業アルバムだよね。

邪兄 アルバムもアプリかなんかに突っ込んでおいていいんですか？

大王 アルバムの中で自分のクラスのやつだけ映っている写真だけ取っておけばいいんじゃないの。ただ、別にこれは捨てなきゃいけないというルールはないですから。僕は手離したっていうだけです。

邪兄 卒業記念のアルバムも捨てちゃったんですか⁉ アルバムに卒業文集とかも入っているのに？

大王 僕は捨てましたね。結局アルバムって過去のものですから。思い出は記憶の中にあればいい。

あとは結婚式のアルバムも絶対にいりませんね。これは手離したほうがいいですね。だってみんな旦那さんのこと嫌いなのに取っておいてもしょうがないじゃない。

邪兄 みんな旦那さんが嫌いなんですか⁉

大王 だって世の中の8割は仲が悪いんですから。2割分だけ取っておけばいいんですよ。

邪兄 旦那はいいやっていう女性は、全捨離しているときに結婚アルバムも一緒に捨てちゃえばいいんですね。

大王 そうだよ。本気でやっていると「全捨離ハイ」になるんですよね。だからスイッチ入ればもう卒業アルバムも結婚アルバムも手離していけます。

全捨離ハイでスイッチ入りすぎちゃって、なんでもかんでも手離していったら、「あっ、アルバムも捨てちゃった」とか「大事なモノなのに捨てちゃった」というのがあるんですが、全捨離ハイで捨ててしまったモノは意外にさっぱりあきらめがつくんです。

ただ、別に絶対捨てなさいというわけではないので。これ捨てちゃったとか絶対出てくるんですけど、別にまた買えばいいんですよ。

邪兄　また買えばいいって……全捨離しすぎちゃって旦那さんも捨てちゃったみたいな……。

大王　それが最強なんですよ。だって8割が仲悪いんですから、8割の人は離婚したらいいんですよ。

邪兄　究極の全捨離はそれだと。

大王　だから、紙に書いて宣言してほしいんですよね。「究極の全捨離とは旦那を捨てることである　ゲーテ」って。

邪兄　ゲーテ……あのゲーテですか！　しかもゲーテ、旦那側じゃないですか。ゲーテは結婚する前に千何百通のラブレターを書いたんですよね。

大王　そうだ、間違えた。あれはマリー・アントワネットの名言だった。

邪兄　そうなんですね。究極の全捨離を説いたのがマリー・アントワネットだったとは……。でも正直、あまりイメージないですね。マリー・アントワネットはモノに囲まれてそうですから。

大王　マリーは夫と不仲だったからね。そのストレスがモノに走っただけだから。

邪兄　どういう仲なんですか？　マリーと夫は。

大王　だって夫はジュリーだろ。

邪兄　ジュリーってどこから出てきた名前？　マリーとジュリー？　あっ、ジュディー&マリーか。こりゃ90年代ポップスだ。冗談はいいですから、実際に全捨離って、また本題からはずれていくじゃないですか。冗談はいいですから、実際に全捨離して離婚した人が本当にいたんですか？

大王　いますよ、本当にいますよ。だって床面積を広げると、床イコール自分自身だから。いままではモノがたくさんあるがゆえに本当の自分を出すことを妨げられていたけれども、床面積広げていくと、そこは自分だし、床を磨くことによって自分が磨かれていくように、本当の自分が出せるようになる。

そして、本当の自分が出てきたときに、「あっ、私はなんでこんな好きでもない人と一緒にいるんだろう」という本当の自分に気がつけるときがあるわけですよ。そうすると、「あっ、離婚しよう」となるんですよ。もう「あっ、京都行こう」みたいな感覚ですよ。あっ離婚しようって。

邪兄　逆に全捨離し始めたらパートナー危ないですね、旦那も見て見ぬふりしたら危ない。とくに奥さんがフォレスト出版の櫻庭露樹の本を持っていたら要注意ということですね。

大王　僕はそこに気がついてほしいと思っているんですよね。嫌いな人と寝食を共にするって、これほどムダな時間はないので。ただ子どもが小さいとかいろいろなしがらみがありますし、子どももう大きくなって成人したらもういいと思うんですよね。第二の人生を生きればいいんですよ。人生、我慢するために生まれてきたんじゃないんだから。究極に行き着くところはそこですよね。そこに気がついてほしいですね。

邪兄 そういうケースもあるということですね。

大王 本当にありますよ。離婚しましたというケースを何件も聞いてますよ。全捨離して旦那も手離しましたという報告が私のところに何件もきてますよ。

邪兄 これは面白いですね。究極の全捨離は離婚です（笑）。

大王 僕は8割の人には離婚してほしいからね。

邪兄 でも、結婚が苦しいなら離婚してもいいですよね。

大王 宇宙の法則から言ったら8割の人が苦しんでいて、8割の人が仲が悪いんだもんだから。

邪兄 なんか、そういう人たちの背中を押すようないいメッセージかもしれないですね。

"世の中の女性（奥さん）、頑張って！"

邪兄 今回の全捨離のテーマとは少し離れていますが、家を掃除するという習慣についてお聞

大王 きしますね。「床を磨く」ほかにトイレ掃除は毎日やるんですよね。

大王 トイレはね、朝起きて用を足すときに掃除せずには出ないという自分のマイルールを決めておかないといけないですね。

邪兄 これは毎朝やろうと。毎日の習慣にしましょうと。

大王 そうですね。習慣をいかに増やしていくのかというところが勝負です。

邪兄 トイレ掃除はマストにして、さらによい習慣を増やしていくといいということですね。

大王 まずトイレ掃除は絶対です。トイレ掃除をやらずに運気上げたいとか言わないでほしいですね。ファーストステップですね、トイレ掃除というのは。運気を上げるための絶対条件です。

あともう1つは、トイレ掃除やほかの部分の掃除をしていくと運気が上がるというのは、たとえば、掃除をした人の家族にも影響を与えてくれるんですよね。

もちろんその場の波動干渉というものがあって、家全体はエネルギーですから、きれいな場所というのは波動が高くなります。

邪兄 おそらく協力はしてくれないかもしれないけれど、家族にもいい影響を与えてくれるんですね。

大王 自分が機嫌悪くならずにモノを手離して、いつもご機嫌でいるということをマイルールとして決めて実践していくと、それは絶対に家族にも伝染していくんですよ。「うちの息子が協力するようになりました」とか、「娘もモノを手離し始めました」とか、「旦那も理解するようになりました」という話はいっぱいあります。

これはもう定番。だけど、そこまでもっていくためには、奥さんがあきらめずにやり続けていくことしかないんですよね。

よく旦那が協力してくれないとか、子どもが協力してくれないって言うんですけれど、それは当たり前。だから、まず自分のできる範囲を全捨離して掃除していくことです。子どもの部屋とか旦那の書斎なんかどうでもいいので、まず自分でできるところからやっていく。

人間って自分がやっているにもかかわらず、誰かがやっていないとものすごく腹が立つ生き物なんですよね。でも、ここにいちいち腹を立てるのではなくて、「旦那も子どもも協力しないというのが当たり前だから、自分の機嫌をどう取っていこう。どう家の中を手離していきながらきれいにしていこう」と思って実践していくのかが運を上げる鍵です。それをずっと続けていくと絶対に家族は変わるんですよ。

まさしく「割れ窓理論」ですよね。結局、そこしかないんですよね。

邪兄　じゃあ、この本のもう1つのテーマとしては、「全捨離して人生が変わるよ」ということ以外にも、全捨離したあとも実践を続けていくことが大切だっていうことになっていくんですね。

大王 もちろんそうですよね。それも習慣にならないといけない。

邪兄 でも、子どもの部屋とかは無理にやらないでいいっていうのは、なんか気持ちの収まりが悪いというか……。

大王 それはもう仕方がないですよ。子どもたちを変えていけるかどうかはお母さんにかかっているんで。お母さんの「割れ窓理論」ですから。

邪兄 まあ、気にせず気分よく楽しくと。

大王 だから、一番はお母さんが楽しそうにしていないとダメなんですよ。自分が変わった背中を見せ続けていくことでしか人は絶対に変わらないっていうことです。お母さんというのは大変なんですよ。子どもがいたら本当に大変ですよ。世界で一番大変なのは奥さんですから。とくに小さい子どもを抱えた奥さんっていうのは一番大変ですよ。だいたい旦那っていうのは子育てに協力してくれません。まったく何も関与しない。何もしないのが旦那ですから。

邪兄 「何もしないと書いて旦那と読む」。

大王 いや、「旦那と書いてクズと読む」です。基本的に旦那は何もしない。

邪兄　でも、この本を読んでいる旦那は、まあなんかするつもりで読みますものね。

大王　こういう本を読む旦那は、まだ理解があるんじゃないのかな。僕の話を聞ける人というのは、みんな魂が女性の人なんですよ。この本を読んでいる男性は、魂が女性の人が多いはずですよ。

邪兄　だから、僕の話を聞く男性は、だいたい奥さんが恐いですから。世の中うまくできているもので、ウサギみたいな男性は〝ライオン〟と結婚するしかないんだよね。だいたいガォーって吠《ほ》える奥さんしか選ばないんだよ。

大王　それはあるかもしれません。ウサギみたいな男性って、だまってゴミ出し、だまって皿洗い、だまって掃除する人のイメージありありですよ。性格が女性っていうか。

邪兄　奥さんはもう恐いってすぐにわかりますよ。絶対にライオンなはずです。

大王　そう言えばライオンって、メスのほうが強いですよね（笑）。

〝想定外の世界を歩もう！〟

邪兄　大王、最後にこの本を読んでいる読者の方に、励ましのメッセージをお願いします。

大王 いや、もう想定外の人生を歩んでください、そこだけですよね。

邪兄 「想定外の人生を歩む」って、なんかワクワクしてきますね。

大王 モノがなくなって、床面積が広がって、床がきれいになっていくと、人間というのは環境どおりの人生になっていくので、絶対的に想定外のことがあるはずですよ。汚部屋の人が、そういったモノが少なくて床面積広くてきれいな環境にしたら、それ自体が想定外じゃないですか。想定外の人生にしていきたいなら、想定外のことをやるしかないんですよね。

邪兄 想定外の人生を歩むと、大王でも失敗があるんじゃないですか。

大王 僕なんか失敗しかないですからね。そう言えばこの前、ユーチューブで「玄関に人形やぬいぐるみを置くのはご法度」という話をしたんだよね。そのときに「縁起物のシーサーは置いてもいいですか？」という邪兄の質問に「シーサーもいらない」って答えたら、視聴者からえらい怒られたことがあった。「私はシーサー職人で、私を否定されているような気分で、本当に邪兄さんに対して憤りを感じます」みたいなコメント。

邪兄 あれって、僕限定なんですか⁉ しかも、「本の表紙にシーサーが書いてあるじゃないですか！」っていう感じでしたね。

シーサーを崇《あが》めているのかと思いきや捨てなさいって。でも、本文にはいっさいシーサーは出てこないですものね。あの表紙のシーサー、編集者さんに「なんでシーサーにしたんですか？」って聞いたら、「とくに意味はないです」だって。でも、沖縄では異例なヒットになったらしいですよ。シーサーだけは玄関に置いてもOKにしませんか？

でも大王は、まさにやっちゃダメって言っているのが、そもそも自分の家だったんですよね。

大王 たしかにやっちゃいけないことしかなかったな。僕も元々はスーパー汚部屋だったんで。ただコンビニのビニール袋が部屋に散乱するっていうのだけはなかったけど。

邪兄 ダンボールを玄関に積んでるような……。

大王 玄関にダンボールを10箱ぐらい積んでましたしね。御法度中の御法度ということをずっとやってたんだよね。

邪兄 とくに御法度をやっていたと。

大王 僕は「いつもこれだけは絶対やめてね」っていうことを自分自身がやってたんですよ。運ということを知るまではトイレなんて掃除したこともなかったし。トイレはめちゃくちゃ汚かったですよ。

だから僕は、もう御法度だということしかやってなかったですね。玄関で靴をそろえたこともなかったし、下駄箱に入れるなんて人生で1回もなかったし、だからこの本も、16年前の自分に読ませたら失禁してますね。いつもやっちゃいけないと言っていることは、全部自分がやっていたことですね。

邪兄 大王自身が想定外の人生を生きてきたわけですね。

大王 いまだに信じられないよね。昔の汚部屋写真を撮っておけばよかった。

邪兄 いつか「櫻庭露樹博物館」ができたときのために、もう一度汚部屋にして写真を撮っておきましょう！

大王 邪兄は、またこれでユーチューブの視聴者数を増やそうとしているだろ。

邪兄 そのためなら、何だってしてしまいますよ！

※邪兄からのメッセージ

ということで、ユーチューブではいつもこんな話をしています。
大王のいささか古い（?）ギャグで脱線することもありますが、
常にギリギリトーク。
ぜひユーチューブも覗いてみてください。
お待ちしています！

櫻庭露樹の YOUTUBE
運呼《うんこ》チャンネル

おわりに

私の人生に多大な影響を与えてくれた小林正観さんに、あるとき「正観さんは、みんなからいろいろと奇跡のような報告を聞くと思いますが、どんな報告を聞いたときが一番うれしいですか？」と質問したことがあります。

すると正観さんは、こう答えました。

「『もう何があっても動じなくなりました』というご報告ですよ。一番うれしいのは、私は大丈夫だ、私はもうこれで困ったことが起こらなくなりました、私のところへ通って相談したり、師事を仰がなくても大丈夫になりましたって、そういうふうに言ってくれることが一番、僕はうれしい」

全捨離を実践されている方で、私のところに「これは捨てていいんですか」とか「こういう場合はどうしたらいいですか」とか「どうしてもできない理由が」とか、細かいことをわざわざ相談に来る方がたくさんいらっしゃいます。

私のファンでいてくれることは、本当にありがたいことなので、できるだけ丁重にお答えさせていただいていますが、あなたがどうしたいのか、という気持ちが一番大事です。

モノに囲まれていても、居心地がいいならそのままでいいと思うし、捨てられない形見なら、とことん大事にすればいい。いま、体調が良くないなら休んでまた考えればいい。

何でもかんでも私が言うことが絶対だったら、それこそ教祖になってしまいます。私のご紹介している話はあくまで参考程度にしていただけたらいいんです。まだまだ完ぺきだとは思っていないし、私自身も成長の過程にいる一実践者にすぎませんから。しかも、開運していくための実践をしながら、ご自身の頭で感じたり考えたりと、あれやこれやと楽しんでいく過程にこそ醍醐味があるのであって、私に何でも聞いて、そのとおりにしてしまうのは依存にこそなれ、あなたの自立につながっていかないと思うのです。

もちろん、私自身が実践を重ねて、検証して、最高だと思ったことだけをお伝えしているため、私の実践学には嘘《うそ》はないとの自負はありますが、誰かのアドバイスを聞かなくても、「自分が自分のやりたいようにやってみればいい。何があっても自分は大丈夫なんだ」って思えることが本当の開運体質なのではないでしょうか。

その道は、全捨離をしていくうえで、あなた自身が見いだしていけるあなただけの人生です。時には悩み、失敗することもあって当然です。日本に四季があるように、運気にも体調にも、長い人生にはバイオリズムがあるのですから。

そういうさまざまな出来事や災厄がいかようにに降りかかってきても、自分の責任で選択をしながら、自分の使命に生きて、才能が開花して、本当に好きなことを見つけ、充実した人生を送ることができるのが最高の人生だと思っています。

何があっても大丈夫、というのは、不幸なことが起こらないのではなく、すべての出来事に喜怒哀楽を味わいながらも、素晴らしい経験・体験として受け入れ、魂を磨いていけるということです。

そのきっかけが、僕の提唱する『全捨離』だとしたらこんなにうれしいことはありません。

人生に必要なモノは、実はそんなに多くはないのです。そのことに本当の意味で気づき、自分を覆っていた余計な執着も手離せて、「あっ、私は大丈夫なんだ」って思えた、そんな方たちからの安心立命のご報告が何よりうれしいことなのだと、かつて正観さんのおっしゃっていたことが腑《ふ》に落ちてすごく感動したのを覚えています。

もちろん、正観さんの境地にはまだまだ達していませんが、私の全捨離の世界観の行き着くところは、具体的な実践法ではなく、そういうものも超越した「全部捨てても大丈夫」ということを、あなたの幸せの1つとして感じてほしいということです。

私たちは、この世に体ひとつで生まれてきて、死ぬときはその体さえも置いていくのです。体やモノは借りものにすぎません。

それなのに知らず知らずのうちに、モノがないこと、お金がないこと、家族やパートナーがいないことや、それらを失うことに対して必要以上に恐れを感じてしまうようになってはいませんか。

あなたは何があっても、何もなくても大丈夫なんです。

たとえいま、すべてを手離しても、ゼロからやり直せる力があなたにはあるのです。

そんな大丈夫な自分であることが前提で生きていると、執着や恐れもなく、安心して生きていられるようになります。

そのように、毎日の中で、経験・体験を楽しみながら、良き仲間に恵まれ、魂の向上を目指していきたいものです。


もしも、私の全捨離を実践する人が増えてモノがほとんどいらない世界になったら、それらを量産して販売している人たちの仕事が少なくなってしまうかもしれません。

私たちの社会はいま、より多くのモノを持つことがもてはやされているようです。そういう意味で私は、モノにあふれる現代に反旗を翻す謀反《むほん》者なのかもしれません。

でも、たとえば病気がなくなればいいと使命感を持って任務に励む医者は、本当に病気がなくなってしまったときに、病気を治す医者の仕事はいらなくなってしまいます。それでも、本当に使命を生きている医者ならば、病気のない世界を喜び、もっと素晴らしいステージで大きなお役目を果たすことになっていくのではないでしょうか。

いままで病に苦しんできた患者さんたちも、元気になったら、お世話になった誠実なその医者を放っておくわけはありません。宇宙もその徳をすべてご存じなので、絶対に味方をしてくれるのです。

だから、私の最終的な願いは、全捨離のこの世界観を伝えながら、全国津々浦々はもちろん、世界中で講演して回って、みんなが「モノがなくても、何があっても私は大丈夫」と言って、それぞれの仕事やデートや自分のことに夢中になり、私のところへ誰も来なくなることです（笑）。そのときが、私が私の使命を終えたときだと思っています。

でも、それまでは私自身の実践する背中を見て励みにしてもらえるように走り続けますよ。


でもね、あなたが「もう大丈夫」って言えないうちは、押しかけてでもやっていきます。何度も聞いて、時には挫折《ざせつ》しても、また立ち上がってやってみたらいい。全捨離は、人生をかけても実践してもらう価値がある学びだと思うのです。

だから、安心して全捨離してください。やれば必ずあなたの運がどんどんよくなっていくことを確信しているし、私はいつも応援していますから。

最後になりますが、2作目の今回の出版も快諾していただいたフォレスト出版の太田社長、引き続き素晴らしい本にまとめていただいた編集者の稲川さん、私の開運法をコンテンツとしてタッグを組んでいただいている、同じくフォレスト出版の渡部洋平さん、橋本凌平さん、今井和樹さん、この場を借りて御礼申し上げます。

さらに、仕事でいつも私を支え続けてくれる邪兄さんと優秀な秘書チームの皆様には、感謝しかありません。いつも本当にありがとう。

また、いつも応援してくれる家族や友人、パートナーやファンの皆様、ご縁のあるすべての方に心から感謝しています。本当にいつもありがとうございます。

最後の最後に、この本を読んでくれたあなたに。

思ってても考えてもみなかった「想定外の世界」をぜひ楽しんでください。その体験をしたあなたからの報告を楽しみにお待ちしております。

それでは、あなたのさらなるご開運を心よりお祈りして、ありがとう。ありがとう。
ありがとう……。

櫻庭露樹（さくらば・つゆき）

⦿ スピリチュアル研究家。開運ユーチューバー。パワーストーンショップ「Ameri Stone」代表取締役。

⦿ 幼少期から青年期までを東京で過ごす。貧乏生活を余儀なくされながら高校を卒業後、料理人などさまざまな職業を経験する。36歳のとき、これまでのツキのない人生を恨むなかで小林正観氏と出会い、目に見えないものの正体について興味を抱き研究を始める。

⦿ 神奈川県川崎市で雑貨店をオープン。海外を飛び回り数多くの商品を取り扱うなか、天然石・パワーストーンに出会う。その素晴らしさを伝えるため東京・自由が丘に天然石の専門店 Ameri Stone をオープン。

⦿ 現在は、開運ユーチューバーとして登録者数10万人以上のユーチューブチャンネル「櫻庭露樹のYOUTUBE 運呼チャンネル」を開設し、開運に関するさまざまな話を展開するほか、全国各地で講演活動を行っている。

⦿ 著書に『世の中の運がよくなる方法を試してみた』（フォレスト出版）、『トイレの神様に聞いたヒミツの開運法 運呼の法則』（クリエイトブックス）などがある。

[公式HP] https://tsuyuki-sakuraba.jp/

[公式 YOUTUBE] https://www.youtube.com/channel/UCVMtuJGkv1Q7t9LXfVF2E6Q

[夜のツタンカーメンオンラインサロン] http://zensyari.com/yorutsuta-onlinesalon-lp/dist/

[自由が丘のパワーストーンショップ Ameri Stone] https://ameri-stone.com/

全捨離したら人生すべてが好転する話

2021年 7 月 7 日　初版発行
2021年 7 月15日　2刷発行

著　者　櫻庭露樹
発行者　太田　宏
発行所　フォレスト出版株式会社
〒162-0824　東京都新宿区揚場町2-18　白宝ビル5F
電話　03-5229-5750（営業）　03-5229-5757（編集）
URL　http://www.forestpub.co.jp

カバー&本文デザイン ――― 穴田淳子（a mole design Room）
イラスト ――― 坂木浩子（ぽるか）
D T P ――― 白石知美（システムタンク）
印刷・製本 ――― 日経印刷株式会社

　ISBN978-4-86680-134-6　Printed in Japan

読者無料プレゼント

「宇宙の法則」って何?

（動画ファイル）

最後まで読んでくれたあなたに感謝の思いを込めて、プレゼント！

この本では、さまざまな「全捨離実践法」を解説しましたが、
その中で登場した、
「宇宙の法則」について、もう少し突っ込んだ話をいたします。
「コスモスバンク」とは何か。
「78対22の法則」とは何か。
どんな人が神様につまみ上げられ、「想定外の世界」がやってくるのかetc.

目に見えない世界の秘密を解説します。

下記URLにアクセスしてみてください。

ダウンロードはこちら

http://frstp.jp/zs

※無料プレゼントはWeb上で公開するものであり、小冊子、CD、DVDなどをお送りするものではありません。
※上記無料プレゼントのご提供は予告なく終了となる場合がございます。あらかじめご了承ください。